Pedro Ignacio Botello Hermosa
Profesor de Derecho Civil
Universidad de Sevilla
(España)

Mecanismos *mortis causa* de protección de las personas con discapacidad

Edición al cuidado de
Carlos Antonio Agurto Gonzáles
Sonia Lidia Quequejana Mamani
Benigno Choque Cuenca

Ediciones Olejnik

Título: MECANISMOS *MORTIS CAUSA* DE PROTECCIÓN DE LAS PERSONAS CON DISCAPACIDAD

Huérfanos 611, Santiago - Chile
E-mail: contacto@edicionesolejnik.com
Web site: http://www.edicionesolejnik.com

Primera edición en Ediciones Olejnik: 2021

ISBN: 978-956-392-987-4

Diseño de Carátula: Ena Zuñiga
Diagramación: Luis A. Sierra Cárdenas

Impreso en Argentina 2021 Printed in Argentina

Biblioteca
DERECHO Y PERSONA

Inmaculada Vivas-Tesón
(Directora)

María-Pía Guadalupe Díaz Díaz
Carlos Antonio Agurto Gonzáles
(Coordinadores Generales)

ÍNDICE

CAPÍTULO III
EL DERECHO DE HABITACIÓN EXTRAORDINARIO A FAVOR DEL LEGITIMARIO CON DISCAPACIDAD

ABREVIATURAS

A.	Auto
AAVV.	Autores Varios
AAP.	Auto de la Audiencia Provincial
AAPP.	Audiencias Provinciales
AP.	Audiencia Provincial
apdo./apdos.	ProvincialApartado/s
C.c.	Código civil
CC	Codice Civile
Cap.	Capítulo
CE	Constitución Española
CP.	Código Penal
DGRN.	Dirección General de los Registros y del Notariado
Disp. Ad.	Disposición Adicional
Disp. Fin.	Disposición Final
Disp. Trans.	Disposición Transitoria
E.M.	Exposición de Motivos
FJ.	Fundamento Jurídico
LEC-1881	Ley de Enjuiciamiento Civil de 3 de febrero de 1.881
LEC-2000	Ley de Enjuiciamiento Civil de 7 de enero de 2.000
LOPJ	Ley Orgánica del Poder Judicial
LPPD	Ley 41/2.003, de 18 de noviembre, de Protección Patrimonial de las personas con discapacidad y de Modificación del Código Civil, de la Ley de Enjuiciamiento Civil y de la Normativa Tributaria con esta finalidad
LRC	Ley del Registro civil de 2.011
pág./págs.	Página/s
pfo.	Párrafo
R.	Resolución
RC.	Registro Civil
SAP./SSAP.	Sentencia/s de la/s Audiencia/s Provincial/es
ss.	siguientes
STC.	Sentencia del Tribunal Constitucional
STS./SSTS.	Sentencia/s del Tribunal Supremo
TS.	Tribunal Supremo
TSJ.	Tribunal Superior de Justicia
Vid.	Véase

PRÓLOGO

En la Antigüedad se decía que el pensamiento residía en el corazón. Incluso, en nuestros días, *«aprender de memoria»* en francés se dice *«apprendre par coeur»*, esto es, aprender con el corazón. Pues bien, el abordaje de la discapacidad requiere un profundo conocimiento de la realidad cotidiana, mucho corazón, grandes dosis de empatía y de sensibilidad hacia la diversidad y, sobre todo, el máximo respeto a la persona y a los derechos humanos.

La humanización del legislador civil español en materia de discapacidad se remonta a 2.003, año europeo de la discapacidad en el cual se promulgó la Ley 41/2.003, de 18 de noviembre, de protección patrimonial de las personas con discapacidad y de modificación del Código Civil, de la Ley de Enjuiciamiento Civil y de la Normativa Tributaria con esta finalidad.

Tras ello, se produjo un verdadero tsunami jurídico no solo en nuestro país sino en otros muchos (sin ánimo de exhaustividad, en nuestro entorno europeo, Francia, Italia, Alemania, Austria o Portugal, o de fuera de él Brasil o Perú) con la entrada en vigor de la Convención internacional de Naciones Unidas de los derechos de las personas con discapacidad (Nueva York, 2.006), que, afortunadamente, se ha ido extendiendo como una (bendita) mancha de aceite por el mundo entero.

La inclusión de la Convención en nuestro Ordenamiento jurídico tras su ratificación por España ha supuesto, sin lugar a dudas, avances importantísimos, destacadamente, la visibilización de las personas con discapacidad (con independencia del tipo de deficiencia, de la edad, del género y de la modificación o no de la capacidad), poniendo el acento exclusivamente en la persona, pero es igualmente cierto que aún faltan muchos retos por alcanzar en su interpretación, grado de cumplimiento y desarrollo normativo.

Los derechos inherentes a la persona siguen vulnerándose a diario, lo que es intolerable tras más de una década de vigencia del Tratado neoyorquino en nuestro país. Las personas con discapacidad viven, cotidianamente, con numerosos escollos y barreras que sortear: del entorno o físicas, actitudinales (por desinformación, indiferencia, prejuicios...) e institucionales (las discriminaciones refrendadas legalmente, así como la falta de cumplimiento efectivo de las disposiciones normativas).

En cierto modo, seguimos la costumbre espartana de arrojar a las personas con discapacidad por el Monte Taigeto, como, lamentablemente, hemos tenido ocasión de comprobar en el contexto de crisis de salud pública en el que está inmerso el mundo entero.

Lo que ha hecho el nuevo coronavirus SARS-CoV-2 que provoca la enfermedad Covid-19 es colocarnos frente al espejo y en él, tras reventar las costuras de un sistema del que alardeábamos a los cuatro vientos, hemos visto reflejadas nuestras debilidades, nuestras carencias, nuestras miserias, todas ellas existentes con anterioridad a la pandemia global, pero que ésta, de pronto y bruscamente, ha destapado haciéndolas visibles a la humanidad entera.

La discriminación (por acción o inacción), el estigma, la falta de humanidad y el abandono de las personas más vulnerables como si fueran ciudadanos sin derechos no existen entre nosotros, ni mucho menos, a partir de marzo de 2.020; ya vienen de mucho tiempo atrás y, prácticamente, en todas las sociedades. La historia de la humanidad muestra cómo las pandemias se hacen fuertes con los más débiles, agravando intensamente las desigualdades.

Cierto es que el virus no discrimina en el contagio, pero sí social, ética y económicamente. Esta crisis sanitaria provocada por el Covid-19 ha agravado considerablemente la situación de desigualdad estructural que viven las personas con discapacidad, quienes no están recibiendo una atención sociosanitaria digna, de modo que sus derechos fundamentales y, muy especialmente, la vida y la salud están siendo vulnerados. Es indiscutible el retroceso experimentado en estos meses pandémicos tras décadas de lucha por parte de la sociedad civil y algunas decisivas conquistas. El modelo social de derechos humanos de la Convención se ha tambaleado preocupantemente y a punto hemos estado de retroceder al indeseado modelo de prescindencia, el cual creíamos sobradamente superado.

Una de las grandes reformas esperada desde hace ya muchos años es la del proceso de incapacitación judicial o modificación de la capacidad jurídica de la persona. Ello es, finalmente (en el significado que los italianos dan a la palabra), afrontado por el Proyecto de Ley por la que se reforma la legislación civil y procesal para el apoyo a las personas con discapacidad en el ejercicio de su capacidad jurídica, cuya remisión a las Cortes Generales fue acordada en Consejo de Ministros el 7 de julio de 2.020 y en estos momentos se encuentra en tramitación parlamentaria, la cual aborda también la modificación de buena parte del articulado de nuestro rancio Código civil de 1.889 en relación a cuestiones de diversa índole relacionadas con la persona que precisa apoyo o acompañamiento para, de este modo, lograr que nuestra legislación civil se impregne intensamente de los principios, mandatos y valores contenidos en la Convención.

Teniendo dicha iniciativa legislativa presente, así como los posibles cambios normativos en ella proyectados, el autor de estas páginas, Pedro Botello Hermosa, Profesor de Derecho civil de la Universidad de Sevilla, ofrece al lector un extraordinario recorrido por los distintos mecanismos sucesorios que el Ordenamiento jurídico español, a partir de la citada Ley 41/2.003, brinda a los familiares de una persona con discapacidad que, con tremenda angustia, se preguntan: *«y cuando nosotros faltemos, ¿qué será de él o de ella?»*.

Pese a haber transcurrido más de quince años, muchos de los instrumentos *mortis causa* existentes en el Derecho civil español son, a día de hoy, incomprensiblemente desconocidos, lo que, precisamente, hace imprescindible esta sólida y rigurosa obra de un jurista que, pese a su juventud, es un profundo conocedor de una temática compleja y tremendamente actual, lo que hace que sus reflexiones críticas y sugerentes propuestas, las cuales regala generosamente al lector, sean sumamente valiosas.

Debo destacar que este trabajo científico del Prof. Botello se incluye entre los resultados del Proyecto I+D+i, Modalidades Retos Jurídicos, Proyecto PID2019-105489RB-I00, «Vulnerabilidad Patrimonial y Personal», así como del Grupo de Investigación PAIDI (SEJ617) «Nuevas Dinámicas del Derecho Privado Español y Comparado».

Solo me queda por añadir que, como podrá comprobar el lector, en estas páginas aflora a raudales el respeto a la persona y a sus derechos, en definitiva, a su dignidad (es innegable que el bienestar económico forma también parte de ella), sentimientos que compartimos quienes desde hace años venimos ocupándonos y preocupándonos de la situación jurídica de las personas con discapacidad y de sus familiares (los grandes olvidados), como mis queridos y admirados Carlos Antonio Agurto Gonzáles y María-Pía Guadalupe Díaz Díaz. Somos muchos. Las personas con discapacidad y sus familias no están solas. Hemos dado grandes pasos pero queda aún mucho camino por recorrer para lograr una sociedad justa, igualitaria e inclusiva.

En Sevilla, febrero de 2021

Inmaculada Vivas Tesón
Catedrática de Derecho civil
Universidad de Sevilla (España)

CAPÍTULO I
INTRODUCCIÓN

1.1. Consideraciones preliminares

En España, según la encuesta sobre discapacidades, deficiencias y estado de salud del Instituto Nacional de Estadística, hay en torno a 3,8 millones de personas con alguna discapacidad[1].

Las personas con discapacidad constituyen un sector de población heterogéneo[2], pero todas tienen en común que, en mayor o menor medida, precisan de garantías suplementarias para vivir con plenitud de derechos o para participar en igualdad de condiciones que el resto de los ciudadanos en la vida económica, social y cultural del país.

La Ley 41/2.003[3], de 18 de noviembre, de Protección Patrimonial de las Personas con Discapacidad (en adelante, LPPD), ha sido una de las normas más importantes publicadas en nuestro ordenamiento jurídico, lo cual se acredita con las disposiciones que modificó tras su entrada en vigor, a saber, el Código civil (en adelante, C.c.), la Ley de Enjuiciamiento Civil y la normativa tributaria que tenga por finalidad la protección de las personas con discapacidad.

Sin ninguna duda, uno de los mayores méritos de la LPPD fue otorgar carta de naturaleza a las personas con discapacidad, las cuales, hasta ese

---

1 Según el Instituto Nacional de Estadística (INE), en su último estudio de 2.008, cuya actualización de datos se supone acontecerá en 2021.

2 Como afirma VIVAS TESÓN, I. (2.019), «El ejercicio de los derechos de la personalidad de la persona con discapacidad», en *Claves para la adaptación del Ordenamiento jurídico privado a la Convención de Naciones Unidas en materia de discapacidad*, DE SALAS y MAYOR DEL HOYO (dirs.). Valencia: Tirant lo Blanch, pág. 407, «Si nos detenemos a reflexionar, durante décadas las leyes han sido hechas por y para hombres, por y para adultos (han sido y siguen siendo indiscutiblemente adultocéntricas) y por y para personas «sanas» o «normales», inaceptables términos con los que con más frecuencia de la debida se hace alusión a las personas con discapacidad o, mejor en plural, discapacidades, para, de este modo, ofrecer la idea de una amplia variedad de situaciones que comprende».

3 Publicada en el *BOE núm. 277, de 19 noviembre de 2.003.*

momento, no tenían cabida en el ordenamiento jurídico español al no estar contempladas en nuestros textos legales, que tan solo se ocupaban de las personas plenamente capaces y de las incapacitadas judicialmente[4].

¿Qué reconocimiento jurídico tenían entonces en el C.c. todas aquellas personas con una discapacidad reconocida administrativamente pero que no habían sido incapacitadas judicialmente?

Aunque resulte sorprendente, hasta la publicación de la LPPD, ninguno.

De hecho, fue precisamente la LPPD la que introdujo en nuestro C.c. una nueva Disposición Adicional (la cuarta) que se suma a las tres existentes desde su promulgación en 1.889, consiguiendo que, desde entonces, las personas con discapacidad estuvieran presentes en dicho Cuerpo legal. La Disposición Adicional cuarta dispone:

> «*La referencia que a personas con discapacidad se realiza en los arts. 756, 822 y 1.041, se entenderá hecha al concepto definido en la Ley de protección patrimonial de las personas con discapacidad y de modificación del Código civil, de la Ley de Enjuiciamiento Civil y de la normativa tributaria con esta finalidad*».

¿Y cuál es la definición de persona con discapacidad? Pues concretamente la que recoge la LPPD su artículo 2.2:

> «*A los efectos de esta ley únicamente tendrán la consideración de personas con discapacidad:*
>
> *a) Las afectadas por una minusvalía psíquica igual o superior al 33 por ciento.*
>
> *b) Las afectadas por una minusvalía física o sensorial igual o superior al 65 por ciento*».

Por ello, a lo largo del presente trabajo, cada vez que haga mención a una persona con discapacidad que pueda beneficiarse de alguno de los mecanismos sucesorios que vamos a estudiar (con independencia de la sustitución fideicomisaria, que solo puede establecerse en favor de las personas incapacitadas judicialmente), me refiero no a una persona con cualquier grado de discapacidad, sino a aquélla que tiene reconocido como mínimo un 33% de discapacidad psíquica o bien un 65% de discapacidad física o sensorial.

Esta cuestión es importante ya que el Real Decreto Legislativo 1/2.013, de 29 de noviembre, por el que se aprueba el Texto Refundido de la Ley General de Derechos de las Personas con Discapacidad, equipara a todas las personas con discapacidad, con independencia de que esta sea física, psíquica, mental, intelectual o sensorial, siempre que se les reconozca un grado de discapacidad igual o superior al 33%, situación que no ocurre en cambio, me

---

[4] Término el de personas «incapacitadas» con las horas contadas en nuestro ordenamiento, ya que el Proyecto de Ley de 17 de julio de 2.020, por la que se reforma la legislación civil y procesal para el apoyo a las personas con discapacidad en el ejercicio de su capacidad jurídica actualmente en tramitación pretende suprimirlo.

permito reiterar, con los mecanismos de protección patrimonial sucesorios que en estas páginas abordaremos, dado que los mismos única y exclusivamente protegen a las personas con discapacidad que tengan reconocido como mínimo un 33% de discapacidad psíquica o bien un 65% de discapacidad física o sensorial[5].

Una de las principales preocupaciones de los progenitores de las personas con discapacidad, y de las incapacitadas judicialmente, será quién se ocupará de sus familiares con discapacidad o incapacitados cuando ellos ya no estén.

A este respecto, VIVAS TESÓN[6] considera que la LPPD permite prever y planificar el bienestar económico de las personas con discapacidad, adoptando soluciones de protección patrimonial que, en el futuro, puedan, eficazmente, complementar los ingresos económicos que ellas mismas obtengan por su trabajo o por pensiones públicas de diversa índole y, por consiguiente, permitirle vivir una mejor vida adulta. No es preciso esperar a formularse angustiosamente la pregunta: ¿Qué será de él/ella cuando no pueda hacerme cargo o me muera?, para iniciar la planificación económica de su etapa adulta, pues este proyecto puede comenzarse desde la niñez o adolescencia de la persona con discapacidad, contando, incluso, para ello, como tendremos ocasión de ver, con algunas ventajas fiscales.

---

5 Para VIVAS TESÓN, I. (2.019), «El ejercicio de los derechos de la personalidad de la persona con discapacidad», cit., pág. 429, «en Derecho español existe una clara disfunción o desajuste pues la imprescindible exigencia normativa de un reconocimiento formal de discapacidad con un grado mínimo del 33% no casa adecuadamente con la definición de discapacidad contenida en el art. 1, pfo. 2º de la Convención («las personas con discapacidad incluyen a aquellas que tengan deficiencias físicas, mentales, intelectuales o sensoriales a largo plazo que, al interactuar con diversas barreras, puedan impedir su participación plena y efectiva en la sociedad, en igualdad de condiciones con las demás», de modo que la discapacidad no se presenta por deficiencias concretas de las personas, sino por diversas barreras que pueden ser sociales, físicas, actitudinales o jurídicas, lo que permite establecer como objetivo la eliminación de las barreras existentes de toda índole) y, por tanto, creemos que no se ajusta al modelo social de la misma como sí, en cambio, el art. 2.a) del Real Decreto Legislativo 1/2.013, de 29 de noviembre, por el que se aprueba el Texto Refundido de la Ley General de derechos de las personas con discapacidad y de su inclusión social, así como el art. 25 del Código penal en su redacción de 2.015. Para mayor confusión, dicho certificado administrativo sigue exigiéndose para algunos actos jurídicos pero, en cambio, no para otros, como, por ejemplo, en la Ley de Propiedad Horizontal, que en su art. 10.1.b) reconoce automáticamente a los mayores de 70 años su condición de personas con discapacidad. A la vista de ello, me pregunto: hoy día, en el Ordenamiento jurídico, ¿quién es, desde el punto de vista jurídico, una persona con discapacidad?». Según el Proyecto de Ley actualmente en tramitación parlamentaria, persona con discapacidad es aquélla que precisa medidas de apoyo para para el adecuado ejercicio de su capacidad jurídica (art. 249), pero no se proporciona ninguna definición precisa que, a la vista de la disparidad de conceptos normativos existentes en la actualidad en nuestro Ordenamiento jurídico, sería muy necesaria.

6 VIVAS TESÓN, I. (2.009), *La protección económica de la discapacidad*, Editorial Bosch, Barcelona, pág. 8.

Para GONZÁLEZ PORRAS[7], la reforma llevada a cabo por la Ley 41/ 2.003, de 18 de noviembre «es, a mi juicio, una de las más importantes, si no la de mayor calado entre las que han reformado el articulado de nuestro Código civil, y diré que pienso que es así porque afecta de manera directa a los tres pilares fundamentales del 'Sistema', que son 'la persona física' y además la persona física discapacitada, primer elemento sobre el que se apoya el Derecho civil (…), 'La familia' (…), y el 'patrimonio' como factor necesario para su desarrollo».

Ateniéndonos a su Exposición de Motivos, la LPPD tiene por objeto «*regular nuevos mecanismos de protección de las personas con discapacidad, centrados en un aspecto esencial de esta protección, cual es el patrimonial. Efectivamente, uno de los elementos que más repercuten en el bienestar de las personas con discapacidad es la existencia de medios económicos a su disposición, suficientes para atender las específicas necesidades vitales de los mismos*».

Tal y como asevera GÓMEZ GÁLLIGO[8], el dinero no es la felicidad, pero ayuda a ella. Esta afirmación podríamos suscribirla todos los ciudadanos, cualquiera que sea nuestro sexo o nuestra condición social. Sin embargo, es especialmente cierta cuando tenemos alguna discapacidad física o psíquica. Cierto es que el dinero no lo es todo: los discapacitados necesitan (necesitamos, podríamos decir, pues cualquiera de nosotros puede pertenecer a ese colectivo en cualquier momento) cariño, asistencia, supresión de barreras arquitectónicas, apoyo, comprensión, paciencia… Pero también medios económicos. Solo así puede hacerse efectivo el principio constitucional de igualdad ante la ley: tratando desigualmente situaciones desiguales.

De ahí que el único objetivo de la LPPD sea, como su propio nombre indica, la protección patrimonial de las personas con discapacidad e incapacitadas[9], protección que también buscó la referida norma introduciendo algunas modificaciones en nuestro Derecho de sucesiones, el cual está llamado a intervenir como un valioso mecanismo legal en el que confíen las familias como medio para asegurar una independencia económica a las personas con discapacidad a partir del fortalecimiento de sus derechos sucesorios.

En cuanto a las modificaciones que la LPPD introduce en nuestro C.c., destacan las realizadas en materia de autotutela, mandato, contrato de ali-

---

7 GONZÁLEZ PORRAS, J. M (2.005), «Algunas cuestiones sobresalientes en la reforma del Código Civil sobre la protección de las personas discapacitadas o incapacitadas» en *Personalidad y capacidad jurídicas: 74 contribuciones con motivo del XXV aniversario de la Facultad de Derecho de Córdoba,* CASADO RAIGÓN Y GALLEGO DOMÍNGUEZ (coordinadores), Universidad de Córdoba, Servicio de Publicaciones, Córdoba, págs. 699 y 700.

8 GÓMEZ GÁLLIGO, F. J. (2.005), «La sustitución fideicomisaria en la legítima estricta a favor del discapacitado», en *Revista Crítica del Derecho Inmobiliario»*, Núm. 687, pág. 11.

9 Aunque su título no refleje esto último, ya que este es el colectivo de personas que protege una de las medidas más importantes introducidas por la LPPD en nuestro Derecho Sucesorio, como es el nuevo alcance otorgado a la sustitución fideicomisaria.

mentos, el patrimonio especialmente protegido y régimen sucesorio[10], siendo estas últimas las que serán objeto de nuestro interés en la presente monografía, las cuales se recogen tanto en el apartado VII de la EM de la Ley, como en su art. 10.

Según PEREÑA VICENTE[11], las modificaciones de la LPPD en nuestro sistema sucesorio obedecen a dos finalidades diferentes: por un lado, permitir que el incapacitado[12] reciba por herencia más de lo que le correspondería de no serlo; y por el otro, impedir que ciertas personas se beneficien de la herencia del discapacitado.

1.2. Una necesaria precisión terminológica

Actualmente, en nuestra sociedad existe una gran confusión terminológica respecto al mundo de la discapacidad, ya que se consideran «casi idénticos» una serie de términos que, en realidad, conllevan efectos jurídicos totalmente diversos, como pueden ser los conceptos de «incapacidad» y «discapacidad», cuando lo cierto es que nada tienen que ver las consecuencias jurídicas derivadas de un reconocimiento administrativo de discapacidad con las que conlleva una sentencia de incapacitación.

Por ejemplo, una persona ciega, o con una discapacidad física de un 90% reconocida administrativamente, no será incapacitada judicialmente, ya que no ve afectada en nada su capacidad de obrar.

Del mismo modo, según hablemos de discapacidad o de incapacitación, resulta evidente que las políticas legislativas y sociosanitarias serán diferentes en su regulación y alcance para una u otra situación. Tratándose de personas con discapacidad, en general, cobran más importancia las políticas sociales de integración y eliminación de barreras arquitectónicas que tengan como finalidad adaptar el entorno para una mejor integración, mientras que tratándose de personas incapacitadas, las políticas legislativas estarán más encaminadas a su protección jurídico-patrimonial[13].

---

[10] Para un detenido estudio de todos los mecanismos contemplados por la LPPD, vid. VIVAS TESÓN, I. (2.010), *La dignidad de las personas con discapacidad: logros y retos jurídicos*, Difusión jurídica, Madrid.

[11] PEREÑA VICENTE, M. (2.007), «La sustitución fideicomisaria en la legítima, ¿piedra angular del sistema de protección de los incapacitados?, en *Protección jurídica patrimonial de las persona con discapacidad*, PÉREZ DE VARGAS MUÑOZ (coord.), La Ley-Actualidad, pág. 686.

[12] No compartimos la visión de la autora al usar el término «incapacitado» por entender que debería haber usado ambos conjuntamente, el de «personas con discapacidad» e «incapacitados», ya que, por ejemplo, si bien la sustitución fideicomisaria afecta a los incapacitados exclusivamente, el resto de modificaciones llevadas a cabo por la LPPD en cuanto al régimen sucesorio va dirigido, según la literalidad del Código, a «personas con discapacidad».

[13] PEREÑA VICENTE, M. (2.006), *Asistencia y protección de las personas incapaces o con discapacidad. Las soluciones del Derecho Civil*, Editorial Dykinson, Madrid, pág. 33.

Por todo ello, se ha de diferenciar, claramente, entre personas con discapacidad y personas incapacitadas judicialmente, ya que, como escribe LUCINI NICÁS[14], no cabe así en modo alguno confundir incapacidad con discapacidad, algo que resulta obvio al lector mínimamente formado jurídicamente. Un discapacitado no tiene por qué ser incapaz, ni un incapaz tiene por qué reunir la condición de discapacitado, al menos en los términos del artículo 2 de la LPPD.

A la hora de estudiar la evolución de dichos términos debemos saber que en 1.980, la Organización Mundial de la Salud (en adelante, OMS) aprobó ya la Clasificación Internacional de Deficiencias, Discapacidades y Minusvalías (CIDDM)[15].

Trece años después, en 1.993, la Asamblea General de Naciones Unidas aprobó mediante la Resolución 48/96, de 20 de diciembre, las Normas Uniformes sobre la igualdad de oportunidades para las personas con discapacidad. En dichas Normas se definía la discapacidad como *«un gran número de diferentes limitaciones funcionales que se registran en las poblaciones de todos los países del mundo. La discapacidad puede revestir la forma de una deficiencia física, intelectual o sensorial, una dolencia que requiera atención médica, o una enfermedad mental. Tales deficiencias, dolencias o enfermedades pueden ser de carácter permanente o transitorio»*.

La evolución social y legislativa sufrida a lo largo de todos estos años dio lugar a una nueva clasificación por parte de la OMS, adoptada en la 54ª Asamblea Mundial de la Salud, celebrada en Ginebra en mayo de 2.001, la denominada Clasificación Internacional del Funcionamiento, de la Discapacidad y de la Salud (CIF)[16], aceptada por 191 países como patrón internacional de descripción y mediación de la salud y la discapacidad, prescindiéndose en ella de los términos *«deficiencia»* y *«minusvalía»* y acogiendo el genérico de *«discapacidad»*, el cual engloba tanto las *deficiencias* en las funciones y estructuras corporales, como las limitaciones en la capacidad de llevar a cabo actividades, y las restricciones en la participación social del ser humano (*minusvalías*)[17].

En la actualidad, en nuestro Ordenamiento jurídico se encuentra superado el uso de términos peyorativos que se han venido usando a lo largo del tiempo para referirse a dicho colectivo de personas, como ocurría con los términos «anormales», «subnormales», «deficientes mentales» o «minusválidos» (menos válidos).

---

[14] LUCINI NICÁS, «La Ley 41/2003, de 18 de noviembre de protección patrimonial de las personas con discapacidad y de modificación del Código civil, Ley de Enjuiciamiento Civil y de la Normativa Tributaria con esta finalidad», en *Actualidad Civil*, Nº 14, julio 2.004, pág. 1.624.

[15] http://usuarios.discapnet.es/disweb2000/CIDDM/ciddm.htm.

[16] http://www.deis.cl/?page_id=3518.

[17] RUIZ-RICO RUIZ MORÓN, J., «La reforma del Derecho de sucesiones con motivo de la protección de las personas con discapacidad», en *Actualidad Civil*, Núm. 4, 2.004, pág. 359.

Por ejemplo, hoy en día a nadie se le ocurría usar el término «imbécil» para dirigirse a una persona con discapacidad o incapacitada, término que era completamente normal a mediados del siglo XX, como lo demuestra el artículo del profesor DE CASTRO[18], publicado en 1.948 bajo el título *«Incapacitación del imbécil»*.

De hecho, gracias a la evolución terminológica que ha ido experimentando nuestro legislador, y, más en concreto, a lo estipulado en la Disposición Adicional Octava[19] de la Ley 39/2.006, de 14 de diciembre de 2.006, de Promoción de la Autonomía Personal y Atención a las personas en situación de Dependencia[20], cualquier referencia contenida en los textos normativos a los *«minusválidos»* y a las *«personas con minusvalía»*, se entiende realizada a *«personas con discapacidad»*.

En la misma línea (la de reforzar la sustitución del término «minusválido» por el de «persona con discapacidad»), el Gobierno Español aprobó la Ley Orgánica 1/2.015, de 30 de marzo, de reforma del Código Penal, que recoge en el apartado XXVII de su Preámbulo que *«el anterior Código Penal se refiere impropiamente a 'minusvalía', una terminología ya superada en nuestro Ordenamiento jurídico. (...) Con la reforma se decide incorporar un apartado para que todas las referencias hechas en el Código Penal al término 'minusvalía' se sustituyan por el término 'discapacidad'»*.

El art. 49 de nuestra Constitución sigue aún conservando el término *«disminuidos»*: *«los poderes públicos realizarán una política de previsión, tratamiento, rehabilitación e integración de los disminuidos físicos, sensoriales y psíquicos, a los que prestarán la atención especializada que requieran y los ampararán especialmente para el disfrute de los derechos que este Título otorga a todos los ciudadanos»*, si bien el Consejo de Ministros anunció en septiembre de 2.020 su intención de reformar dicho precepto para eliminar dicha palabra y darle un contenido acorde con la vigente visión de la discapacidad como una cuestión de derechos humanos.

En cuanto al término *«incapacitación»* en el ámbito civil, se contiene en los artículos 200 y 201 del C.c., cuando establecen que *«son causas de incapacitación las enfermedades o deficiencias persistentes de carácter físico o psíquico que impidan a la persona gobernarse por sí misma»* y *«los menores de edad podrán ser incapacitados cuando concurra en ellos causa de incapacitación y se prevea razonablemente que la misma persistirá después de la mayoría de edad»*.

---

18 DE CASTRO, «Incapacitación del imbécil», en *Anuario de Derecho Civil*, 1948, I-1, págs. 291 y ss.

19 Disposición que recoge que: *«Las referencias que en los textos normativos se efectúan a los 'minusválidos' y a las 'personas con minusvalías' se entenderán realizadas a 'personas con discapacidad'. A partir de la entrada en vigor de la presente Ley, las disposiciones normativas elaboradas por las Administraciones Públicas utilizarán los términos 'persona con discapacidad' o 'personas con discapacidad' para denominarlas»*.

20 BOE núm. 299, de 15 de diciembre de 2.006.

Dicho lo anterior, la sustitución de los términos «procedimiento de incapacitación» y «persona incapacitada» en nuestro C.c. es tan solo cuestión de tiempo, ya que así viene sucediendo en las últimas leyes promulgadas en relación con la materia, si bien por qué términos concretos serán sustituidos no está del todo claro.

Para fijar el significado del término «*discapacidad*», tomaremos como base la definición que nos proporciona la Convención de Naciones Unidas sobre los Derechos de las Personas con Discapacidad de 13 de diciembre de 2.006 (en adelante, la Convención), concretamente, en su Preámbulo, letra e), donde se recoge que: «*la discapacidad es un concepto que evoluciona y que resulta de la interacción entre las personas con deficiencias y las barreras debidas a la actitud y al entorno que evitan su participación plena y efectiva en la sociedad, en igualdad de condiciones con las demás*».

La Convención define a las personas con discapacidad en su artículo 1, párrafo 2°, al exponer que «*las personas con discapacidad incluyen a aquéllas que tengan deficiencias físicas, mentales, intelectuales o sensoriales a largo plazo que, al interactuar con diversas barreras, puedan impedir su participación plena y efectiva en la sociedad, en igualdad de condiciones con las demás*».

Así las cosas, el espíritu de la Convención conduce al necesario uso de una terminología respetuosa hacia las personas con discapacidad[21].

En conclusión, subrayo, a fin de evitar equívocos, que personas con discapacidad y personas incapacitadas judicialmente son dos términos diferentes, aunque no excluyentes. Es decir, que aunque una persona con su discapacidad administrativa reconocida nada tiene que ver con otra incapacitada judicialmente, es perfectamente posible que existan personas con discapacidad que, al mismo tiempo, hayan sido incapacitadas judicialmente, o viceversa.

1.3. El Proyecto de Ley de 17 de julio de 2.020 por la que se reforma la legislación civil y procesal para el apoyo a las personas con discapacidad en el ejercicio de su capacidad jurídica

Sin lugar a dudas, el momento más importante en el Ordenamiento jurídico español en cuanto a derechos de personas con discapacidad se refiere, es

[21] VIVAS TESÓN, I. (2.019), «El ejercicio de los derechos de la personalidad de la persona con discapacidad», cit., págs. 413-414, «Los legisladores, gobernantes, operadores jurídicos, medios de comunicación y, en general, toda la ciudadanía, desde sus respectivas responsabilidades profesionales, funciones, prácticas y, muy especialmente, actitudes personales, deben tomar conciencia de la realidad existencial diaria de las personas con discapacidad y del enfoque de derechos que preconiza la Convención, el cual debe calar profundamente en todos los ámbitos de la sociedad.
Y ello comienza por algo tan simple como es la utilización de un lenguaje adecuado y respetuoso. Las palabras demuestran cultura, el grado de civilización, el modo de pensar, respeto. No se trata de un mero lenguaje políticamente correcto. No es algo banal. Cambiemos el lenguaje y cambiaremos el mundo».

la ratificación de la Convención de Naciones Unidas sobre los Derechos de las Personas con Discapacidad y de su Protocolo Facultativo, Convención que fue aprobada en Nueva York el 13 de Diciembre de 2.006, y ratificada por España el 23 de noviembre de 2.007[22], entrando definitivamente en vigor el 3 de mayo de 2.008[23].

La importancia de la Convención se refleja en los principios que la constituyen, como son el respeto a la dignidad inherente a la persona, la autonomía individual (incluida la libertad para toma las propias decisiones), la independencia de cada ser humano, la no discriminación, la participación e inclusión plenas y efectivas en la sociedad, la igualdad de oportunidades, el respeto por la diferencia y la aceptación de las personas.

Su ratificación supuso para nuestro Estado el compromiso de asegurar y promover el pleno ejercicio de todos los derechos humanos y las libertades fundamentales de las personas con discapacidad sin discriminación alguna, adoptando todas las medidas legislativas, administrativas, y de otra índole que fuesen pertinentes para ello. Y es que desde su entrada en vigor, la Convención forma parte, a todos los efectos, del Ordenamiento jurídico español, en virtud de lo dispuesto en los arts. 10.2[24] y 96.1[25] de la Constitución Española, así como de lo recogido en el artículo 1.5[26] de nuestro Código Civil, por lo

---

22 Publicada en el BOE núm. 96, de 21 de abril de 2.008.

23 Según VIVAS TESÓN, I. (2.019), «El ejercicio de los derechos de la personalidad de la persona con discapacidad», cit., pág. 409, «Puede afirmarse, sin temor a errar, que es unánime la consideración de que dicho Tratado internacional ha sido crucial en materia de derechos humanos por su enorme impacto, marcando un antes y un después en la evolución de los derechos de las personas diversamente capaces. Su aplicación ha supuesto, sin duda, avances importantísimos, destacadamente, la visibilización de las personas con discapacidad (con independencia del tipo de deficiencia y de si tienen o no modificada su capacidad) poniendo el acento en la persona y no en su deficiencia, pero es igualmente cierto que aún faltan muchos retos por alcanzar en su interpretación, grado de cumplimiento y desarrollo normativo. Lamentablemente, persisten numerosos escollos tanto de hecho como jurídicos; se siguen produciendo, sistemáticamente, vulneraciones de derechos.
Dicho Instrumento ha conllevado, sin lugar a dudas, un cambio paradigmático de actitud y enfoque respecto de la discapacidad a nivel mundial. Se mira la discapacidad con otros ojos, en clave de derechos humanos. La Convención advierte a España y a los restantes Estados así como a las Organizaciones supranacionales (como la Unión Europea) firmantes que el único abordaje que puede hacerse de la discapacidad es desde los derechos humanos y libertades fundamentales de la persona».

24 El artículo 10.2 de la Constitución Española establece que «Las normas relativas a los derechos fundamentales y a las libertades que la Constitución reconoce se interpretarán de conformidad con la Declaración Universal de Derechos Humanos y los tratados y acuerdos internacionales sobre las mismas materias ratificados por España».

25 Expresa el art. 91.1 de nuestra Constitución: «Los tratados internacionales válidamente celebrados, una vez publicados oficialmente en España, formarán parte del ordenamiento interno. Sus disposiciones solo podrán ser derogadas, modificadas o suspendidas en la forma prevista en los propios tratados o de acuerdo con las normas generales del Derecho internacional».

26 El Código Civil expone en su artículo 1.5 que «Las normas jurídicas contenidas en los tratados internacionales no serán de aplicación directa en España en tanto no hayan pasado a formar parte del ordenamiento interno mediante su publicación íntegra en el Boletín Oficial del Estado».

que dicha incorporación formal a nuestro Ordenamiento ha de tener un importante impacto en las diferentes ramas de nuestro sistema jurídico, obligando a la adaptación y modificación de diversas normas para hacer efectivos los derechos que en la misma se recogen.

Prueba de ello fue la aprobación del Real Decreto 422/2.011, de 25 de marzo, por el que se aprueba el Reglamento sobre las condiciones básicas para la participación de las personas con discapacidad en la vida política y en los procesos electorales, con el que se intenta cumplir, por parte del Estado Español, con lo recogido en el art. 29 de la Convención; o la Ley 26/2.011, de 1 de agosto, de adaptación normativa a la Convención Internacional sobre los Derechos de las Personas con Discapacidad, mediante la cual se modifican una serie de Leyes[27] con la misma intención. Precisamente, en su Disposición Final segunda, la Ley 26/2.011 recogía un mandato que obligaba al Gobierno a refundir ciertas leyes sobre discapacidad[28], lo cual se llevó a cabo con la publicación del Real Decreto Legislativo 1/2.013, de 29 de noviembre, por el que se aprueba el Texto Refundido de la Ley General de derechos de las personas con discapacidad y de su inclusión social.

Si bien es cierto que hay que reconocer el esfuerzo legislativo que está haciendo nuestro legislador para adaptar la Convención en los últimos años mediante la aprobación de diversas leyes al respecto, también lo es que la

[27] Las leyes que se modifican para su adaptación a la Convención de la ONU son las que, a continuación, se relacionan: 1) Ley 51/2.003, de 2 de diciembre, de igualdad de oportunidades, no discriminación y accesibilidad universal de las personas con discapacidad. 2) Ley 27/2.007, de 23 de octubre, por la que se reconocen las lenguas de signos españolas y se regulan los medios de apoyo a la comunicación oral de las personas sordas, con discapacidad auditiva y sordociegas. 3) Modificación del Texto Refundido de la Ley de Infracciones y Sanciones en el Orden Social, aprobado por Real Decreto Legislativo 5/2.000, de 4 de agosto. 4) Ley 49/2.007, de 26 de diciembre, de infracciones y sanciones en materia de igualdad de oportunidades, no discriminación y accesibilidad universal de las personas con discapacidad. 5) Ley 30/1979, de 27 de octubre, sobre extracción y trasplante de órganos. 6) Ley 14/1.986, de 25 de abril, General de Sanidad. 7) Ley 41/2.002, de 14 de noviembre, básica reguladora de la autonomía del paciente y de derechos y obligaciones en materia de información y documentación clínica. 8) Ley 14/2.006, de 26 de mayo, sobre técnicas de reproducción humana asistida. 9) Ley 16/2.003, de 28 de mayo, de cohesión y calidad del Sistema Nacional de Salud. 10) Ley 44/2.003, de 21 de noviembre, de ordenación de las profesiones sanitarias. 11) Ley 7/2.007, de 12 de abril, del Estatuto Básico del Empleado Público. 12) Ley 2/1.985, de 21 de enero, sobre Protección Civil. 13) Ley 23/1.998, de 7 de julio, de Cooperación Internacional para el Desarrollo. 14) Ley 50/1.980, de 8 de octubre, de Contrato de Seguro. 15) Ley 49/1.960, de 21 de julio, sobre Propiedad Horizontal. 16) Ley 34/2.002, de 11 de julio, de servicios de la sociedad de la información y de comercio electrónico. 17) Ley 39/2.007, de 19 de noviembre, de la carrera militar. 18) Ley 30/2.007, de 30 de octubre, de Contratos del Sector Público. 19) Ley 13/1.982, de 7 de abril, de integración social de los minusválidos.

[28] La Ley 13/1.982, de 7 de abril, de integración social de las personas con discapacidad; La Ley 51/2.003, de 2 de diciembre, de igualdad de oportunidades, no discriminación y accesibilidad universal de las personas con discapacidad; y la Ley 27/2.007, de 23 de octubre, por la que se reconocen las lenguas de signos españolas y se regulan los medios de apoyo a la comunicación oral de las personas sordas, con discapacidad auditiva y sordociegas.

reforma legislativa más esperada por los organismos relacionados con el mundo de la discapacidad aún no se ha producido. Nos referimos a la aprobación del proyecto de ley que conlleve la adaptación del artículo 12 de la Convención a nuestro Ordenamiento, para que todas las personas con discapacidad puedan ejercer su capacidad jurídica en igualdad de condiciones con las demás, es decir, se vean apoyadas o asistidas por otra persona en aquellos actos que lo necesiten sin que en ningún caso les sea por ello privada su capacidad. Y es que, al menos por mi parte así lo entiendo, mediante el artículo 12 de la Convención lo que se busca es que dejemos de preguntarnos hasta qué grado hemos de modificar la capacidad de la persona que lo necesite, y empecemos a cuestionarnos qué nivel de apoyo o asistencia precisa esa misma persona para desarrollar su vida con total normalidad.

En dos ocasiones el legislador se comprometió a elaborar dicho proyecto de ley. La primera de ellas fue al año siguiente de la entrada en vigor de la Convención en nuestro país, mediante la Ley 1/2.009, de 25 de marzo[29], cuya Disposición Final primera ordenaba «*al Gobierno remitir a las Cortes Generales en el plazo máximo de seis meses un proyecto de ley reguladora de los procedimientos de incapacitación judicial, que pasarán a denominarse procedimientos de modificación de la capacidad de obrar, para su adaptación a las previsiones de la Convención*». Al no cumplir con dichos plazos, el compromiso se reitera en la Disposición Adicional séptima de la Ley 26/2.011, de 1 de agosto[30], en la que se recoge que «*El Gobierno, en el plazo de un año desde la entrada en vigor de esta Ley, remitirá a las Cortes Generales un proyecto de ley de adaptación normativa del ordenamiento jurídico para dar cumplimiento al artículo 12 de la Convención Internacional sobre los Derechos de las Personas con Discapacidad, en lo relativo al ejercicio de la capacidad jurídica por las personas con discapacidad, en igualdad de condiciones que las demás en todos los aspectos de la vida. Dicho proyecto de ley establecerá las modificaciones necesarias en el proceso judicial de determinación de apoyos para la toma libre de decisiones de las personas con discapacidad que los precisen*».

Con varios años de retraso, el 17 de julio de 2.020 se aprobó en España el ansiado Proyecto de Ley por la que se reforma la legislación civil y procesal para el apoyo a las personas con discapacidad en el ejercicio de su capacidad jurídica.

Refleja el Proyecto, en su Exposición de Motivos, apartado I, que «*La presente reforma de la legislación civil y procesal pretende dar un paso decisivo en la adecuación de nuestro ordenamiento jurídico a la Convención internacional sobre los derechos de las personas con discapacidad, hecha en Nueva York el 13 de diciembre de 2.006, tratado internacional que en su artículo 12 proclama que las personas con discapacidad tienen capacidad jurídica en igualdad de condiciones con las demás en todos los aspectos de la vida, y obliga a los Estados Partes a adoptar las medidas*

[29] Ley 1/2.009, de 25 de marzo, de reforma de la Ley de 8 de junio de 1957, sobre el Registro Civil, en materia de incapacitación, cargos tutelares y administradores de patrimonios.

[30] Ley 26/2.011, de 1 de agosto, de adaptación normativa a la Convención Internacional sobre los Derechos de las Personas con Discapacidad.

pertinentes para proporcionar a las personas con discapacidad acceso al apoyo que puedan necesitar en el ejercicio de su capacidad jurídica. El propósito de la Convención es promover, proteger y asegurar el goce pleno y en condiciones de igualdad de todos los derechos humanos y libertades fundamentales por todas las personas con discapacidad, así como promover el respeto de su dignidad inherente».

Así las cosas, la Convención introduce importantes novedades en el tratamiento de la discapacidad, además de exigir a los Estados Parte que en todas las medidas relativas al ejercicio de la capacidad jurídica se proporcionen salvaguardias adecuadas y efectivas para impedir los abusos de conformidad con el Derecho internacional en materia de derechos humanos. Esas salvaguardias asegurarán que las medidas relativas al ejercicio de la capacidad jurídica respeten los derechos, la voluntad y las preferencias de la persona, que no haya conflicto de intereses ni influencia indebida, que sean proporcionales y adaptadas a las circunstancias de la persona, que se apliquen en el plazo más corto posible y que estén sujetas a exámenes periódicos por parte de una autoridad o un órgano judicial competente, independiente e imparcial.

Precisamente, es esa la principal finalidad del Proyecto, la de modificar el actual procedimiento de incapacitación español por uno nuevo en el que la tutela deje de ser la figura central[31], apostándose por la curatela como institución ideal para la protección de las personas que lo necesitasen en cualquier ámbito de su vida cuando ellas no puedan hacerlo por sí mismas.

En 2.015, tuve ocasión de publicar un trabajo titulado «El refuerzo de la curatela como medio idóneo de adaptación del artículo 12 de la Convención ONU sobre derechos de personas con discapacidad al ordenamiento jurídico español»[32], en el que expresaba, precisamente, lo que hoy en día afirma el Proyecto, es decir, que la forma más eficaz de implementar el artículo 12 de la Convención en nuestro ordenamiento era apostando decididamente por la curatela, en detrimento de la tutela.

Considero que el artículo 12[33] es el más importante de la Convención, ya que mediante el mismo se exige a los Estados Parte que las personas con

---

[31] Tal y como ocurre desde 2.013, cuando se dictó la sentencia del Tribunal Supremo 421/2.013, de 24 de junio, que fue la primera sentencia del Alto Tribunal en la que se obliga a apostar por la curatela en vez de por la tutela para cumplir con el espíritu de la Convención y, más concretamente, con su artículo 12.

[32] Publicado en *Revista Crítica de Derecho Inmobiliario,* Núm. 749, 2.015, págs. 1.345-1.380.

[33] Dispone el artículo 12 de la Convención «1. Los Estados Partes reafirman que las personas con discapacidad tienen derecho en todas partes al reconocimiento de su personalidad jurídica; 2. Los Estados Partes reconocerán que las personas con discapacidad tienen capacidad jurídica en igualdad de condiciones con las demás en todos los aspectos de la vida; 3. Los Estados Partes adoptarán las medidas pertinentes para proporcionar acceso a las personas con discapacidad al apoyo que puedan necesitar en el ejercicio de su capacidad jurídica; 4. Los Estados Partes asegurarán que en todas las medidas relativas al ejercicio de la capacidad jurídica se proporcionen salvaguardias adecuadas y efectivas para impedir los abusos de conformidad con el derecho internacional en materia de derechos humanos (...); 5. Sin perjuicio de lo dispuesto en el presente artículo, los Estados

discapacidad puedan ejercer su capacidad jurídica en igualdad de condiciones que el resto de personas, es decir, que puedan adoptar libremente todo tipo de decisiones en cualquier ámbito de su vida, siendo apoyados en aquellos casos que lo necesiten[34].

El tema de la capacidad jurídica a la que hace referencia la Convención suscitó grandes discusiones entre los Estados Parte[35], por un lado, entre los países occidentales de América y Europa, y, por el otro, con China, Rusia y los países islámicos. Tal fueron estas diferencias de entendimiento que, incluso, se llegó a temer por la ruptura de la adopción del texto final de la Convención, si bien todo quedó superado con la redacción actual del artículo.

La *capacidad jurídica* a la que hace referencia la Convención engloba tanto el concepto de capacidad jurídica de nuestro sistema como el de capacidad de obrar. En el Derecho español se entiende por *capacidad jurídica* la aptitud estática del sujeto, a quien, por el mero hecho de ser persona y por su dignidad como tal, el ordenamiento jurídico le atribuye derechos y obligaciones, tanto en la esfera personal como en la patrimonial; mientras que por *capacidad de obrar* se entiende la aptitud de poner en movimiento por sí mismo los poderes y facultades que surgen de sus propios derechos, y en general, para desenvolverse con autonomía en la vida jurídica

Bajo mi parecer, de los cinco apartados que conforman el artículo 12 de la Convención el de mayor relevancia es el tercero, ya que recoge que los Estados Parte deberán adoptar todas las medidas necesarias para facilitar a las personas con discapacidad el apoyo necesario para ejercer su capacidad jurídica, y en nuestro Ordenamiento, cuando se habla de apoyo o asistencia en la capacidad de obrar de las personas estamos haciendo referencia al

---

Partes tomarán todas las medidas que sean pertinentes y efectivas para garantizar el derecho de las personas con discapacidad, en igualdad de condiciones con las demás, a ser propietarias y heredar bienes, controlar sus propios asuntos económicos y tener acceso en igualdad de condiciones a préstamos bancarios, hipotecas y otras modalidades de crédito financiero, y velarán por que las personas con discapacidad no sean privadas de sus bienes de manera arbitraria».

[34] VIVAS TESÓN, I. (2.019). «El ejercicio de los derechos de la personalidad de la persona con discapacidad», cit., pág. 411, considera que son importantes tanto el artículo 12 como el 19, igualmente crucial al reconocer el derecho a una vida independiente e inclusiva en la comunidad. En su opinión, «los arts. 12 y 19 CDPD están directamente conectados o vinculados porque el reconocimiento de la personalidad y capacidad jurídicas es la base para que la ciudadanía con discapacidad logre vivir, de forma independiente y plena, en el seno de la comunidad. Por consiguiente, es preciso garantizar a todas las personas con discapacidad, al margen de su concreta deficiencia, el derecho a la capacidad jurídica (de goce y de ejercicio), para decidir dónde, cómo y con quién vivir».

[35] GARCÍA PONS, A. (2.008). *Las personas con discapacidad en el Ordenamiento Jurídico español*. Madrid: Editorial Universitaria Ramón Areces, Colección Por más Señas, pág. 43, considera que «La discusión se centró en la distinción, ya clásica por otra parte, entre capacidad jurídica y capacidad de obrar: mientras algunos países defendían el pleno reconocimiento y garantía tanto de una como de otra para las personas con discapacidad, otro grupo de países abogaban por una referencia exclusivamente a la capacidad jurídica sin ninguna mención a la capacidad de obrar».

modelo de protección que en la actualidad sigue vigente, es decir, el de la incapacitación.

Desde diversos sectores de nuestra sociedad, así como desde la mayoría de organismos que representan a las personas con discapacidad y parte de la doctrina, se considera que el procedimiento de incapacitación es una institución contraria al espíritu de la Convención, debido a que mediante éste se priva a la persona de su capacidad de obrar, vulnerándose por tanto la dignidad de la persona incapacitada y su derecho a la igualdad. Por ello, desde estos sectores se viene abogando por una profunda reforma legislativa de nuestro actual procedimiento de incapacitación, que conlleve el cambio de título del procedimiento, la eliminación de las figuras jurídicas que actualmente la componen (la tutela, la curatela, patria potestad prorrogada, el defensor judicial e, incluso, la guarda de hecho) y la introducción al mismo tiempo en nuestro sistema de nuevas medidas de apoyo a favor de las personas con discapacidad que sean más acordes a lo exigido en el artículo 12 de la Convención, tomándose siempre como ejemplo a seguir el de la figura del administrador de apoyo italiano.

En tal sentido, expone el Informe elaborado por el Instituto de Derechos Humanos Bartolomé de las Casas de la Universidad Carlos III de Madrid[36] sobre el impacto de la Convención en nuestro Ordenamiento jurídico y la aplicación de su artículo 12, que «*el cambio que se busca desde la Convención con el artículo 12 puede ser denominado como el paso del modelo de 'sustitución en la toma de decisiones', que sería el modelo actual, al modelo de 'apoyo o asistencia en la toma de decisiones'. Se trata, sin duda, del mayor desafío que presenta la Convención, ya que el mismo integra dentro del concepto de capacidad jurídica a la capacidad de obrar, esto es, a la facultad de crear, modificar o extinguir relaciones jurídicas y restringe, e incluso podríamos decir que prohíbe, el instrumento de la incapacitación (en el caso de que éste sea entendido como mecanismo de anulación de la capacidad de obrar y, por tanto, ahora también de la capacidad jurídica) (...) De este modo, el instrumento internacional analizado exige modificar la concepción actual del proceso de incapacitación en la legislación española y, desde luego, su aplicación práctica. La discapacidad por sí misma no puede ser un motivo para limitar o restringir la capacidad para ejercer libremente los derechos fundamentales. No se puede imposibilitar o limitar a priori el ejercicio de derechos fundamentales a sujetos que estén, realmente, en condiciones adecuadas para realizarlo y esas condiciones tendrán que valorarse en cada situación (...)*».

En base a la redacción dada en este punto, del Informe se podría llegar a la conclusión de que, en España, cuando una persona sufre algún tipo de discapacidad es automáticamente incapacitada, cuando, en realidad, en nuestro sistema para poder incapacitar a una persona, total o parcialmente, es

[36] Informe «El tiempo de los Derechos» Núm. 1, elaborado por el Instituto de Derechos Humanos Bartolomé de las Casas de la Universidad Carlos III de Madrid, y que lleva por título: «El impacto general de la Convención Internacional sobre los derechos de las personas con discapacidad en el Ordenamiento jurídico español», marzo 2009, págs. 14 y 16.

necesario que la misma sufra *«deficiencias persistentes de carácter físico o psíquico que le impidan gobernarse por sí misma»*, por lo que no sería una simple discapacidad el motivo para limitar o restringir la capacidad de la persona como se recoge en el Informe, sino que tiene que ser un tipo de discapacidad persistente que impida a la persona autogobernarse, pretendiéndose en todo momento con dichas medidas adoptadas por el juez la guarda y protección de la persona que lo necesite. Igualmente, hemos de reflejar que mediante el procedimiento de incapacitación existe la posibilidad de que el juez, debido al grado de discapacidad que sufra la persona a incapacitar, crea oportuno proceder a su incapacitación parcial, no total, nombrando en dicho supuesto a un curador para que apoye o asista a la persona que lo necesite solo en los actos que el juez fije en la sentencia. Y, por último, en referencia al contenido del Informe mencionado, entendemos oportuno dejar expuesto que la incapacitación de una persona, ya sea total o parcial, no conlleva *per se* la privación de derechos fundamentales del incapacitado, tal y como expuso la Sentencia del Tribunal Supremo 228/2.009, de 29 de abril.

Por mi parte, si bien es cierto que no comparto la necesidad de eliminar las instituciones jurídicas que componen la incapacitación por entender que mediante éstas las personas con discapacidad están protegidas en armonía con lo expuesto por la Convención en cuanto al ejercicio libre de su capacidad jurídica y de obrar, sí coincido en la necesidad de sustituir el título del procedimiento actual de incapacitación por otro más acorde al espíritu de la Convención. Con ello se conseguiría que los familiares de las personas con discapacidad que necesitasen ser incapacitadas, viesen el nuevo procedimiento como la oportunidad de regular o modificar la capacidad jurídica del familiar mediante el apoyo o asistencia, si fuese preciso, del tutor o el curador correspondiente, dejando entonces de promover, como pasa con la terminología actual, un procedimiento cuya finalidad es que su familiar deje de ser capaz en todos los ámbitos de su vida.

Pues bien, hace años proponía que la curatela fuera el eje central del futuro proyecto de ley para, de este modo, adaptar nuestro Ordenamiento a lo dispuesto por el artículo 12 de la Convención.

Cuando nos referimos a la curatela, lo hacemos a una institución de protección a favor de personas que han de ser asistidas o apoyadas parcialmente. SANCHO REBUDILLA[37] la define como *«un órgano estable pero de actuación intermitente que se caracteriza porque su función no es representar, suplir o sustituir la capacidad de obrar de quien carece de ella, sino asistir, completar la capacidad de quien, poseyéndola legalmente, necesita para determinados actos de esta adicción o concurrencia por mor de asesoramiento o consejo»*.

La importancia de la curatela en nuestro Ordenamiento jurídico es tal, que el hecho de haber prescindido de ella en la redacción originaria de nues-

[37] SANCHO REBUDILLA, F. (1.984). *El nuevo régimen de la familia. III. Tutela e instituciones afines.* Madrid, Cívitas, pág. 62.

tro Código Civil[38] supuso la coincidencia unánime de doctrina y jurisprudencia de la época a la hora de exigir su restablecimiento, consiguiéndolo en 1.983 mediante la Ley 13/1.983, de 24 de octubre de reforma de la tutela. Y es que, hasta entonces, la única institución encargada de proteger a las personas con cualquier tipo de discapacidad era la tutela, que englobaba la protección desde personas que tuviesen una discapacidad psíquica tal que realmente le hiciese necesitar un tutor, hasta los pródigos, o, simplemente, las personas con una mínima demencia. Por ello, al no haber una regulación de diferentes grados de discapacidad, únicamente existían dos alternativas, o incapacitar a la persona privándole totalmente de su capacidad de obrar aunque tuviese un tipo de discapacidad psíquica mínima, o no protegerla de ninguna forma por entenderse que el grado de discapacidad psíquica que sufría no era tan importante como para incapacitarla.

Y es por ello por lo que se restableció la curatela, para que, junto a la posibilidad de representación de la persona (privándola de su capacidad de obrar mediante la tutela), existiese otra institución de apoyo o asistencia para completar la capacidad de obrar de las personas que únicamente necesitaban eso, ser asistidos o apoyados en determinados actos, sin que por ello su voluntad haya de ser sustituida.

De ahí que mediante la Ley 13/1.983 se diese una nueva redacción a los artículos 286 a 293 del Código Civil, estableciendo como criterio determinante de la curatela el grado de discernimiento de la persona sometida al cargo de guarda, con la función clara de asistencia o complemento de capacidad y no de representación[39]. Al mismo tiempo, mediante la reforma se obligaba al juzgador a fijar en la sentencia los límites de la incapacitación, es decir, que adaptase mediante la sentencia y en base a las necesidades de cada persona los límites que la misma requiriese (tutela para unos, diferentes tipo de curatela para otros).

Si bien era éste el espíritu de la Ley 13/1.983, lo cierto es que desde su entrada en vigor hasta nuestros días el mismo no se ha respetado[40], ya que,

---

38 Aunque en la redacción originaria de nuestro Código Civil se hacía referencia a la curatela en su artículo 1.764, el cual disponía: «Si una persona capaz de contratar acepta el depósito hecho por otra incapaz, queda sujeta a todas las obligaciones del depositario, y puede ser obligada a la devolución, por el tutor, curador o suministrador de la persona que hizo el depósito, ó por esta misma, si llega a tener capacidad», así como en las Disposiciones Transitorias séptima a la décima que trataban de la tutela.

39 DE COUTO GÁLVEZ, R. Mª. (2.000). Comentario a los artículos 286 a 293 del Código Civil. En: RAMS ALBESA Y MORENO FLORES (coords.), *Comentarios al Código Civil*, Tomo II, Volumen 2º. Barcelona: Bosch, pág. 2027.

40 Del mismo modo lo entiende VIVAS TESÓN, I. (2.012). *Más allá de la capacidad de entender y querer.* Badajoz: Futuex, págs. 25 y 26, donde argumenta que «Si bien la Ley 13/1983, de 24 de octubre, que adaptaba nuestro viejo Código civil a los principios constitucionales, introdujo un sistema en el cual la incapacitación judicial debía adecuarse a las concretas exigencias de la persona enferma (la sentencia de incapacitación debe fijar la extensión y límites), permitiéndole, en su caso, realizar actos personalísimos (p. ej. matrimonio, reco-

generalmente, se ha seguido nombrando tutores a las personas a cuyo favor se instase un procedimiento de incapacitación, en lugar de tener en cuenta también e incluso dar preferencia, a la curatela, lo cual puede deberse a varios factores, como pueden ser las actuaciones profesionales poco exhaustivas debido a la carga de trabajo judicial, o la falta de recursos personales cualificados que permitiesen mejores valoraciones de cada caso, así como de las necesidades concretas de la persona.

Lo que resulta evidente es que por no haberse cumplido con el espíritu de la Ley 13/1.983, o dicho de otra forma, por seguir dándose carácter preferencial, y casi único, a la tutela frente a la curatela como se hacía antes de la reforma de 1983, es por lo que desde diversas corrientes se entiende necesario la eliminación de las actuales instituciones de protección existentes en nuestro Ordenamiento.

Desde dichas corrientes, se pone siempre como ejemplo a tener en cuenta por parte del legislador español a la hora de nombrar nuevas medidas de apoyo, la figura del administrador de apoyo italiano, la cual está en perfecta armonía con lo exigido por el artículo 12 de la Convención en cuanto al ejercicio de la capacidad jurídica de las personas con discapacidad en igualdad de condiciones que el resto de personas.

A diferencia de autores como CABELLO DE ALBA JURADO[41] que considera que la curatela aun reuniendo los requisitos adecuados para adaptar la Convención, no es el medio de apoyo ideal para ello, nosotros sí entendemos que mediante la regulación actual de la curatela, con algunas modificaciones de menor impacto que supongan el cumplimiento efectivo, esta vez sí, del espíritu de la Ley 13/1.983, la Convención puede quedar adaptada perfectamente a nuestro Ordenamiento[42], y ello en base, principalmente, a los siguientes argumentos.

nocimiento de un hijo natural, otorgar testamento o el derecho al sufragio activo), en su aplicación práctica, ha persistido (o, al menos, ésa es mi impresión, tal vez equivocada) una predominante visión económica y patrimonial de la institución jurídica, dejando poco espacio a la consideración de la personalidad y libertad del individuo».

41 CABELLO DE ALBA JURADO, F. (2.013). «*La discapacidad como hecho y su incidencia en el ámbito jurídico: distintos regímenes jurídicos y alternativas en el marco de la Convención*», «L Jornadas Aequitas/Centro de Estudios Jurídicos del Ministerio de Justicia», pág. 11, expone que «Del tenor de este precepto resultaría claramente que la curatela si es una institución que podría encajar en las denominadas por la Convención de «apoyo o asistencia». En la práctica por el contrario, además de ser una institución a la que se recurre en muy contadas ocasiones, quizá por sus antecedentes históricos remotos en el derecho romano o por la redacción original del Código civil, que seguía otras directrices, o por la referencia explícita que la limita a los incapacitados, la curatela es una institución cuyo naturaleza está «viciada». Se utiliza para aquellos supuestos en que la sentencia de incapacitación limita la sustitución del incapacitado a determinados ámbitos de su interés, generalmente solo patrimoniales. Queda por tanto en eso: una tutela limitada a algunos aspectos de la actuación del curatelado, pero no a la función de apoyo que podría desempeñar».

42 Coincidimos por nuestra parte con el pensamiento de, entre muchos autores, RAMS ALBESA, J. (2.011) Hombre y persona. Personalidad. Capacidad e incapacidad.

1. Gran similitud existente entre la figura de la curatela y la del administrador de apoyo italiano

La figura del amministratore di sostegno o administrador de apoyo italiano, es el resultado de una reforma de gran envergadura llevada a cabo en el Código civil de dicho país a través de la Ley núm. 6/2.004[43], mediante la cual, la incapacitación e inhabilitación adquirieron un carácter totalmente residual en Italia, al ser el objeto de la Ley el de *«tutelar con la menor limitación posible la capacidad de actuar, a las personas privadas total o parcialmente de autonomía en la realización de las funciones de la vida cotidiana, mediante intervenciones de apoyo temporal o permanente»*.

Por ello en Italia prima siempre el nombramiento de un administrador de apoyo frente a las figuras de la incapacitación y la inhabilitación, las cuales quedan exclusivamente reservadas a situaciones excepcionales que las conviertan en las únicas medidas de protección idóneas para la persona[44].

Avisamos con antelación de que a lo largo del presente apartado haremos referencia a curador y curatela en diferentes artículos del Código civil español cuando en realidad en éstos únicamente se nombra al tutor, si bien, entendemos necesaria, y posible, para la comparación de ambas figuras esta sustitución terminológica en base a la remisión legal que se hace en el art. 291 del Código Civil mediante el cual son aplicables a los curadores las normas sobre nombramiento, inhabilidad, excusa y remoción de los tutores.

Bajo nuestro punto de vista, la figura de la curatela española y la tan anhelada del administrador de apoyo italiano son muy similares tanto en su función, como en su regulación y objeto.

Discapacidad y vejez. *Revista Crítica de Derecho Inmobiliario,* Núm. 723, 211-296, pág. 253, donde refleja: «Creo yo que la adhesión y ratificación de la Convención, que aquí se examina, daño evidente no hace, pero no era ni conveniente ni necesaria. Nuestro sistema de apoyo y suplencia de la capacidad de obrar, desaparecidas las limitaciones absurdas debidas al sexo, al estado civil y a la condición social de las personas, se puede calificar de adecuado, suficiente y de sumamente respetuoso para con los derechos humanos y sus garantías, así como con los derechos constitucionales de las personas y sus libertades públicas».

Por su parte, DE PABLO CONTRERAS, P. (2.010). La incapacitación en el marco de la Convención sobre los derechos de las personas con discapacidad. Comentario a la Sentencia de 29 de abril de 2.009. En: M. YZQUIERDO TOLSADA (coord.). Comentarios a las Sentencias de unificación de doctrina (civil y mercantil). Madrid: Dykinson, pág. 575, entiende que «Nuestro vigente sistema no vulnera en sí, pues, la Convención sobre los derechos de las personas con discapacidad: lo que puede vulnerar ésta es, en cambio, su incorrecto entendimiento y aplicación en la práctica».

43 Reforma que supuso el cambio de nombre del Título XII del Libro I del *Codice Civile,* pasando a sustituirse el anterior «De la enfermedad, la incapacitación y la inhabilitación», por el nuevo «De las medidas de protección de las personas privadas total o parcialmente de autonomía», dividiéndose este nuevo Título en 2 Capítulos, el Capítulo I, «De la administración de apoyo», y el Capítulo II, «De la incapacitación, la inhabilitación y la discapacidad natural».

44 Para un detenido estudio de la figura italiana, vid. VIVAS TESÓN, I. (2.012). *Más allá de la capacidad de entender y querer. Un análisis de la figura italiana de la administración de apoyo y una propuesta de reforma del sistema tuitivo español,* Futuex, Badajoz.

a) ***Similitud en cuanto a su función***

La función del administrador de apoyo es, tal y como recoge el artículo 404 del Código Civil italiano (en adelante, *Codice Civile*), intentar proteger, con la menor limitación posible, las personas que por cualquier enfermedad o deficiencia física o psíquica, se encuentran imposibilitadas, bien de forma parcial o temporal, a la hora de gestionar sus propios intereses. Mientras que la figura del curador español (la cual se dirige a las mismas personas a las que en Italia se nombra un administrador de apoyo, es decir, a aquellas que por cualquier enfermedad o deficiencia persistente de carácter físico o psíquico no pueda autogobernarse) tendrá como función, en base al artículo 289 del Código Civil, la asistencia al curatelado en aquellos actos que expresamente imponga la sentencia.

Por tanto, llegamos a la conclusión de que el curador español se limita a ejercer una labor puramente asistencial, es decir, debe asistir-apoyar al curatelado, pero nunca sustituir su voluntad, por lo que coincide plenamente con la función encomendada al ***administrador de apoyo italiano.***

b) ***Similitud en cuanto a su regulación***

A la hora de estudiar la regulación legal de una y otra figura, apreciamos la existencia de artículos de los Códigos Civiles de cada país muy similares en cuanto a su redacción. Así, por ejemplo, el art. 410 del *Codice Civile* recoge que «*el administrador de apoyo tiene que desarrollar su cometido teniendo en cuenta las necesidades y aspiraciones del beneficiario*»; mientras que en el art. 216 de nuestro Código Civil se establece que «*las funciones tutelares se ejercerán en beneficio del curatelado*», y, en el mismo sentido, el art. 269 de nuestro mismo Cuerpo legal estipula en su punto 3° que «*el curador está obligado a velar por el curatelado y a promover la adquisición o recuperación de la capacidad de éste y su mejor inserción en la sociedad*».

Por otra parte, en Italia, la persona con discapacidad puede instar ella misma el procedimiento para que se le nombre un administrador de apoyo (artículo 406 del *Codice Civile*) o solicitar la sustitución de éste (artículo 413), mientras que en nuestro país, tras la reforma introducida por la LPPD, hoy el artículo 757.1 L.E.C. establece que la declaración de incapacidad puede establecerla, entre otros, el presunto incapaz, y el art. 248 del Código Civil dispone que el curatelado puede solicitar la remoción del curador, y una vez declarada ésta judicialmente se procederá al nombramiento de un nuevo curador.

También coinciden en que en ambos sistemas, una persona en aras de una posible discapacidad-incapacidad futura, puede designar quién quiere que sea su administrador o curador y cómo habrá de actuar éste. De hecho el artículo 408 del *Codice Civile* expone que el propio interesado en previsión de una futura discapacidad, puede designar el que será su administrador de apoyo mediante acto público o documento privado protocolizado. A falta de dicha designación personal, o en presencia de motivos graves, el juez podrá designar otro administrador distinto cuando así lo crea oportuno y motive. En la elección, el juez tutelar deberá regirse, cuando sea posible, por el siguiente orden: al cónyuge no separado legalmente, la persona que conviva con el discapacitado establemente, el padre, la madre, el hijo, el hermano o la hermana, el pariente hasta el 4° grado o el sujeto designado por el progenitor supérstite por testamento, acto público o documento privado autenticado.

En cuanto a nuestro Ordenamiento, además de coincidir con el italiano en cuanto al hecho de que cualquier persona capaz puede determinar quién será su tutor-curador en caso de ser necesario en un futuro mediante la figura de la autotutela (artículo 223 del Código Civil), es muy similar también el orden de preferencia al que ha de atenerse el juez a la hora de fijar al tutor-curador correspondiente, ya que establece el art. 234 de nuestro Código Civil que para el nombramiento del curador se preferirá: al designado por el propio curatelado, al cónyuge que conviva con el curatelado, a los padres, a la persona o personas designadas por éstos en sus disposiciones de última voluntad, al descendiente, ascendiente o hermano que designe el juez. Excepcionalmente, el juez, en resolución motivada, podrá alterar el orden del párrafo anterior o prescindir de todas las personas en él mencionadas, si el beneficiario del menor o del incapacitado así lo exigiere.

También son muy similares los arts. 412 del *Codice civile* italiano y el 293 del Código Civil español en cuanto a la ineficacia de los actos realizados sin el consentimiento necesario, ya que, mientras el artículo italiano recoge que, los actos llevados a cabo bien por el administrador de apoyo, bien por el propio beneficiario, en infracción de normas o de las disposiciones contenidas en el decreto que instituye la administración de apoyo, son anulables a instancia del administrador de apoyo, del Ministerio Fiscal, del beneficiario o de sus herederos, y que las acciones prescriben a los 5 años, a contar desde el cese del estado de sujeción a la administración de apoyo; el precepto español estipula que los actos jurídicos realizados sin la intervención del curador, cuando ésta sea preceptiva, serán anulables a instancia del propio curador o de la persona sujeta a curatela, de acuerdo con los artículos 1.301 (la acción de nulidad solo durará 4 años cuando la acción se refiera a los contratos celebrados por los menores o incapacitados desde que salieren de tutela) y siguientes del Código Civil.

c) *Similitud en cuanto al objeto de ambas figuras*

Pero, sin ninguna duda, la similitud más importante entre ambas figuras, en cuanto a la adaptación del artículo 12 de la Convención a nuestro Ordenamiento se refiere, es la existente en cuanto al objeto de las mismas.

Establece el art. 409 del *Codice civile* que el beneficiario del administrador de apoyo conserva la capacidad de obrar para todos los actos que no requieran la representación exclusiva o la asistencia necesaria de éste. El beneficiario de la administración de apoyo puede en todo caso cumplir los actos necesarios para satisfacer las exigencias de la propia vida cotidiana.

Mientras que nuestro artículo 289 del Código Civil expone que la curatela de los incapacitados tendrá por objeto la asistencia del curador para aquellos actos que expresamente imponga la sentencia, y el artículo 293 de la misma norma recoge que *«los actos jurídicos realizados sin la intervención del curador, cuando ésta sea preceptiva (...)»*, por lo que se está afirmando que existen actos (de hecho deberían ser la mayoría) en los que el incapacitado seguirá actuando sin necesidad de la asistencia o apoyo del curador, al igual que sucede en Italia con la figura del administrador de apoyo.

Prueba de la similitud entre el objeto de una y otra figura, es la Sentencia de 27 de abril de 2.010 del Juzgado de Primera Instancia núm. 15 de Las Palmas de Gran Canaria, en la cual se acaba optando por la figura del curador como medio de protección de una persona cuyas necesidades en Italia hubiese supuesto el nombramiento a su favor de un administrador de apoyo. La Sentencia resuelve un procedimiento en el que se solicitaba se declarase a la demandada como incapacitada y se le nombrara un tutor, si bien, la Magistrada, desde el primer momento esgrime que el nombramiento de un tutor, curador o defensor judicial en la actualidad debe interpretarse a la luz de la Convención de la ONU sobre los derechos de las personas con discapacidad, haciendo hincapié en el artículo 12 de la Convención y la necesidad en base al mismo del cambio del «modelo de sustitución en la toma de decisiones» al «modelo de apoyo o asistencia en la toma de decisiones», por lo que tras elaborar un estudio exhaustivo de la persona objeto del procedimiento incapacitador, entiende que no se apreciaba ningún déficit en la demandada en cuanto a sus aspectos más básicos (aseo, comer, deambular por la calle, usar el transporte, telefonear, respuesta ante la necesidad de ayuda, realizar pequeñas compras...), incluso tampoco presentaba déficits para desarrollar un trabajo remunerado (era jardinera del ayuntamiento) ni conducir vehículos (tenía carnet desde hacía 12 años), pero en cambio sí se apreciaban déficits en cuanto a la posibilidad de vivir sola, cambiar su lugar de residencia o viajar al extranjero, toma de decisiones y consentimiento informado para temas médicos, realizar actuaciones complejas o de administración de su patrimonio, otorgar testamento...

Y es por todo ello, por lo que la Magistrada expuso en su Fundamento Jurídico Tercero lo siguiente:

> *«Así las cosas, desde la situación fáctica comentada, de acuerdo con los razonamientos antes expuestos, no procede declarar la incapacidad total de la demandada tal y como y como se dejó intereso en la demanda; antes bien lo procedente es modificar parcialmente la capacidad de obrar de doña Teresita, para actuar por si sola y de forma autónoma a la hora de tomar las decisiones, ya referidas: 1.- Toma de decisiones y otorgar consentimiento informado valido para cualquier intervención o tratamiento médico, con especial atención al tratamiento necesario para su esquizofrenia paranoide; 2.- Cambiar de domicilio o salir al extranjero; 3.- Realizar actuaciones complejas o de administración de su patrimonio, seguimiento efectivo de sus cuentas corrientes, de sus ingresos, gastos etc. otorgar testamento y, otorgar consentimiento valido en contratos o negocios jurídicos*

que afecten a su persona o a su patrimonio u otorgar poderes a terceros y; 4.- No puede entablar acciones judiciales.

En cuanto al derecho de sufragio, cuya privación se interesó en la demanda, no resulta procedente. La interpretación de Ley General Electoral de acuerdo con el espíritu de la Convención, exige respetar, en la mayor medida posible, la autonomía y los derechos fundamentales de la persona con capacidad modificada, de modo que no podrá privársele del derecho de sufragio activo con carácter general, salvo casos excepcionales, en cuanto que ello supondría un retroceso en la necesaria integración social que se propugna respecto. En el concreto supuesto enjuiciado no se ha acreditado esa especial incapacidad de doña Teresita para poder elegir una determinada opción y ejercitar su derecho al voto, pues dicho ejercicio solo requiere una manifestación de voluntad, para la que resulta necesaria no tanto un determinado nivel de raciocinio o de conocimiento, sino la expresión de una opinión o decisión personal sobre las diversas ofertas electorales, en función de la formación cultural de cada persona».

En términos muy similares a los expuestos en la Sentencia anterior, pero más de tres años después, se dictó la importantísima Sentencia del Tribunal Supremo 421/2.013, de 24 de junio, a la que luego aludiremos.

2. Posibilidad de aplicar la curatela tanto en el ámbito personal como en el ámbito patrimonial de las personas necesitadas de protección

Una vez expuestas las grandes similitudes existentes entre la curatela y el administrador de apoyo italiano, nos centramos ahora en el estudio de la posibilidad, o no, de aplicar la curatela en el ámbito personal de la persona que necesite ser incapacitada, o si, por el contrario, como se usa desde diversos sectores para desechar la opción de la curatela como ideal de adaptación del artículo 12 de la Convención, la figura de la curatela únicamente podrá establecerse en el ámbito patrimonial de la persona a incapacitar.

Nos referimos por tanto a la curatela que puede darse a favor de la persona que necesite ser incapacitada debido a su enfermedad, no a la curatela a la que pueden someterse los emancipados cuyos padres quedaren impedidos o fallecieren, o los que obtuvieron el beneficio de la mayoría de edad, o los declarados pródigos, ya que en estos casos el papel de la curatela sí tendrá exclusivamente un contenido patrimonial.

Pero en cuanto a la figura de la curatela que en el presente artículo nos interesa, la que puede darse a favor de personas que necesitan ser incapacitadas, coincidiendo con las posiciones del CERMI o de la Fundación Aequitas, se pronunció el Informe del Instituto de Derechos Humanos Bartolomé de las Casas de la Universidad Carlos III de Madrid, reflejando, entre otras cosas, que *«además, la praxis judicial, en lugar de establecer la limitación de la capacidad, como exige la ley, solo en la medida que sea necesaria para proteger los intereses de la persona y atendiendo a sus circunstancias y necesidades concretas, se ha limitado a crear dos grados de incapacitación: 1) la incapacidad absoluta o total, que conlleva el sometimiento a tutela del incapacitado, supone por regla general que éste queda privado de su «capacidad de obrar» tanto en su esfera patrimonial como en su esfera personal, pudiendo quedar impedido incluso para ejercitar sus derechos fundamentales y adoptar decisiones en ese ámbito, y 2) el sometimiento a curatela del incapacitado, entendiéndose habitualmente que el curador deberá asistir al incapacitado en la realización de la generalidad de actos de disposición de carácter patrimonial».* Termina exponiendo el Informe acto seguido que *«como se ha señalado antes, habitualmente se entiende que el curador asiste al incapacitado exclusivamente en la realización de negocios de carácter patrimonial. Su aplicación a aquellas decisiones que afectan al ejercicio de los derechos fundamentales puede estar enfrentada a la Convención por lo que en este ámbito deberían articularse otras medidas de apoyo y asistencia».*

Nos encontramos aquí ante un tema de gran importancia, ya que del alcance exacto del ámbito al que puede aplicarse la curatela, dependerá la posibilidad, o no, de apostar por el actual sistema de incapacitación como medio ideal de adaptación del artículo 12 de la Convención a nuestro Ordenamiento. Y es que no podemos obviar, que en caso de que el único ámbito de aplicación posible a la hora de instaurar la curatela a favor de una persona que lo necesitase debido a su enfermedad fuese el patrimonial, nuestro procedimiento de incapacitación actual no sería suficiente para llevar a cabo la adaptación por la que venimos apostando, por ser precisamente, como queda recogido en el articulado de la norma internacional, el ámbito personal de la persona con discapacidad el que ha de verse reforzado mediante apoyos o asistencia.

Llegados a este punto hemos de plantearnos cuáles son los argumentos para entender que la curatela no podrá aplicarse al ámbito personal de las personas que lo necesiten, ya que lo único cierto e irrefutable en dicho sentido es que no existe ninguna norma que excluya, o permita, dicha posibilidad de forma expresa.

Así, mientras la doctrina resulta enfrentada al respecto[45], es de destacar como la mayoría de autores que se oponen a que la curatela pueda alcanzar el

45 Entre los autores que sí consideran posible la extensión de la curatela al ámbito personal del incapacitado nos encontramos, entre otros, con GARCÍA CANTERO, G. (1.984). Notas sobre la curatela. *Revista de Derecho Privado*, núm. 9, 787-802, donde expone que «la curatela de los incapacitados ha de comportar alguna intervención en el ámbito de la esfera personal»; o GETE ALONSO Y CALERA, Mª del C. (1.992). *La nueva normativa en materia de capacidad de obrar de la persona*. Madrid: Cívitas, cuando comenta en la pág. 244, que «aunque lo normal es que el curador solo intervenga en el ámbito patrimonial, no se excluye su intervención en el ámbito personal». Igualmente, DE COUTO GÁLVEZ, R. Mª, «Comentario a los artículos 286 a 293 del Código Civil», cit., pág. 2029, argumenta que «La curatela de los menores y de los pródigos tiene un contenido exclusivamente patrimonial, mientras que la protección de los incapacitados puede extenderse a la guarda de la persona, además de al ámbito patrimonial».
En el otro sentido, el de considerar que la curatela únicamente alcanzará el ámbito patrimonial de las personas con discapacidad que lo necesiten, nos encontramos, entre otros autores, con la opinión de LETE DEL RÍO, J.M. (1.985). De la tutela, de la curatela y de la guardia de menores e incapacitados. Comentario a los artículos 286 a 289 del Código

ámbito personal de las personas con discapacidad, reconocen, como no puede ser de otra forma, la total libertad del juez a la hora de fijar los actos sobre los que el curador deberá asistir o apoyar al curatelado. Entonces, ¿en base a qué hemos de entender que los jueces españoles deberán fijar el ámbito de actuación de la curatela únicamente en la esfera patrimonial de las personas que necesiten dicha figura como medida de apoyo o asistencia? Particularmente no compartimos dicha teoría, basándonos para ello, entre otros argumentos, en la literalidad de ciertos artículos del Código Civil, como son:

a) El artículo 215: «*La guarda y protección* de las personas y bienes o *solamente de las personas* o de los bienes de los menores o *incapacitados se realizará,* en los casos que proceda, *mediante:* 1°. La tutela. 2°. *La curatela* y 3° El defensor judicial».

Ateniéndonos a las palabras que hemos marcado en cursiva, el artículo literalmente establece que la guarda y protección exclusiva de las personas incapacitadas se realizará mediante la curatela.

b) El artículo 289: «*La curatela de los incapacitados tendrá por objeto la asistencia del curador para aquellos actos que expresamente imponga la sentencia que la haya establecido*». Es decir, mediante el presente artículo el legislador fijó como ámbito de aplicación de la curatela los actos en sentido general que el juez estimase necesario, por lo que no se refiere concretamente ni a los actos referidos al ámbito personal de la persona ni a los del ámbito patrimonial, sino a actos en sentido general, dependiendo por tanto únicamente del juez el tipo de apoyo o asistencia, y el ámbito de la misma, que deberá fijar a favor de una persona en base a sus necesidades.

Como reflejo práctico de este artículo nos permitimos nuevamente traer a colación un extracto de la anteriormente referida Sentencia de 27 de abril de 2.010, del Juzgado de Primera Instancia núm. 15 de Las Palmas de Gran Canaria, en la que la Magistrada establece expresamente la curatela para ciertos actos personales de la persona que necesita asistencia y apoyo. Así expone en el Fundamento Jurídico Cuarto:

Civil. En ALBALADEJO (dir.), Comentarios al Código Civil y Compilaciones Forales, T. IV. Madrid: Edersa, pág. 238, que expone que «la curatela es una asistencia de protección con ámbito limitado a la esfera patrimonial concreta que haya señalado la Ley o la sentencia, por lo que puede decirse que la función del curador es de tuición patrimonial»; o GUILARTE MARTÍN-CALERO, C. (1.997). *La curatela en el nuevo sistema de capacidad graduable.* Madrid: McGraw Hill, pág. 113, define a la curatela como «aquella institución tutelar de carácter estable pero de actuación intermitente que se constituye para integrar la capacidad de quienes pueden actuar por sí mismos, pero no por sí solos, proveyéndoles, a tal efecto, de un curador que complementará su capacidad deficiente en la esfera patrimonial determinada en la ley o sentencia»; o VIVAS TESÓN, I. *Más allá de la capacidad de entender y querer,* cit., pág. 26, donde argumenta que «a mayor abundamiento, el curador no tiene deberes de cuidado personal del curatelado, sino solo funciones de asistencia en el cumplimiento de actos patrimoniales de extraordinaria administración».

«En atención a las circunstancias fácticas antes reseñadas, resulta procedente constituir en este supuesto un régimen de curatela, bastando la protección de apoyo en el ámbito en que realmente incide la deficiencia (STS 31-12-1.991 y 30-06-2.004). Por lo que al curador se refiere, no suple la voluntad de la afectada, sino que la refuerza, controla y encauza, complementando su deficiente capacidad, por lo que su función no viene a ser de representación, sino de asistencia y protección en cuanto presta su apoyo e intervención para aquellos actos que haya de realizar la persona cuya capacidad queda modificada y estén especificados en la sentencia, los que no tienen que ser exclusivamente de naturaleza exclusivamente patrimonial».

En el mismo sentido, expone la Sentencia del Tribunal Supremo 995/ 1.991, Sala Primera, de lo Civil, de 31 de diciembre, que el curador:

«no suple la voluntad del afectado sino que la refuerza, controla y encauza, completando la deficiente capacidad, por lo que su función no viene a ser de representación, sino más bien de asistencia y protección en el concurso que presta su apoyo e intervención para aquellos actos que haya de realizar el incapaz y estén especificados en la sentencia, los que no tienen que ser precisamente de naturaleza exclusivamente patrimonial».

O, por último, traemos a colación la importantísima, y anteriormente mencionada, Sentencia del Tribunal Supremo 421/2.013, de 24 de junio, en cuyo Fundamento de Derecho Segundo recoge que:

«estos hechos, que son en breve síntesis los que resultan de la valoración de la prueba de la sentencia, conducen a estimar la necesidad de una supervisión tanto en los aspectos patrimoniales como en aquellos que afectan a la persona que garanticen su estado de salud, el pago de sus necesidades ordinarias, eviten el gasto excesivo y la manipulación por parte de terceras personas, y para ello resulta determinante que se aplique la curatela y no la tutela».

c) El artículo 290: «*Si la sentencia de incapacitación no hubiese especificado los actos en que deba ser necesaria la intervención del curador, se entenderá que ésta se extiende a los mismos actos en que los tutores necesitan, según este Código, autorización judicial*». Los actos para los que los tutores necesitan autorización judicial son los recogidos en los artículos 271 y 272 del Código Civil entre los cuales se engloban actos del ámbito personal de la persona sobre la que se ejerza la tutela, como por ejemplo apoyar al curatelado a la hora de decidir si le conviene internarse en un establecimiento de salud mental o de educación o formación especial, o renunciar derechos, o entablar demandas, por lo que el presente artículo otorga también la posibilidad de que la asistencia o el apoyo del curador quede fijado en el ámbito personal de las personas[46].

[46] En este sentido, MAJADA PLANALLES, A. (1.985). La incapacitación, la tutela y sus formularios. Barcelona: Bosch, págs. 150-151, expone que «aparte de la necesaria intervención del curador en determinados actos o contratos, especificados o no, está obligado en general a velar por el incapacitado, y pese a que la sentencia o resolución judicial no lo diga, deberá promover en cuanto esté a su alcance todo lo necesario para su completa

3. Reconocimiento y aceptación de la figura de la tutela por la Convención en su artículo 23.2

Otro de los motivos por los que consideramos la curatela como medio ideal de adaptación del artículo 12 de la Convención a nuestro Ordenamiento es que la propia Convención, concretamente en su artículo 23.2[47], reconoce la existencia de la figura de la tutela en diversos Estados Partes, sin exigirles a éstos su eliminación, sino que la respeta y acepta. Y es que el hecho de que la Convención sea Derecho interno no significa que derogue el sistema de incapacitación actual, sino que nuestros legisladores están obligados a adaptar el contenido de la Convención a nuestro Ordenamiento.

4. Sentencia del Tribunal Supremo 228/2.009, Sala Primera, de lo Civil, de 29 de abril

Otro de los argumentos esgrimidos por nuestra parte para rechazar el planteamiento de la necesidad de eliminación de nuestras medidas tuitivas actuales sustituyéndolas por unas nuevas, es la Sentencia del Tribunal Supremo 282/2.009 (Sala de lo Civil, Sección 1ª), de 29 de abril, por ser la primera de nuestro Tribunal Supremo en enfrentarse directamente a la aplicación de la Convención.

En ella, el problema planteado en el recurso de casación y en la impugnación del Ministerio Fiscal se centra en determinar si como consecuencia de la entrada en vigor de la Convención en nuestro ordenamiento, debe considerarse contraria a la misma la normativa relativa a la incapacitación como medida de protección de las personas incapaces.

Ante lo que el Tribunal Supremo consideró, en su Fundamento Jurídico 5º, que: «*No es argumento para considerar esta institución como contraria a los principios establecidos en la Convención el que la incapacitación pueda constituir una violación del principio de igualdad consagrado en el artículo 14 CE, al tratar de forma distinta a los que tienen capacidad para regir su persona y bienes y aquellas otras personas que por sus condiciones no pueden gobernarse por sí mismas. La razón se encuentra en que el término de comparación es diferente: al enfermo psíquico al que se refiere el caso concreto se le proporciona un sistema de protección, no de exclusión.*

---

salud mental o inserción social, dando cuenta inmediata al juez de cualesquiera circunstancias o anomalías relacionadas con la persona sometida a curatela, sin que ni legal ni moralmente haya de desatenderse de este deber con la inconsciente alegación de que no ostenta el cargo de «tutor de la persona y bienes» o el de «tutor de la persona» y sí únicamente el de curador».

[47] Literalmente dispone el artículo 23.2 de la Convención que «Los Estados Partes garantizarán los derechos y obligaciones de las personas con discapacidad en lo que respecta a la custodia, la tutela, la guarda, la adopción de niños o instituciones similares, cuando esos conceptos se recojan en la legislación nacional; en todos los casos se velará al máximo por el interés superior del niño. Los Estados Partes prestarán la asistencia apropiada a las personas con discapacidad para el desempeño de sus responsabilidades en la crianza de los hijos».

Esto está de acuerdo con el principio de tutela de la persona, tal como impone, por otra parte, el artículo 49 CE. Por tanto, el Código Civil no sería contrario a los valores de la Convención porque la adopción de medidas específicas para este grupo de persona está justificado, dada la necesidad de protección de la persona por su falta de entendimiento y voluntad».

Esta Sentencia del Tribunal Supremo acredita que las instituciones de protección existentes actualmente en nuestro ordenamiento, no son contrarias a los principios de la Convención, ya que la persona declarada incapaz mantiene la titularidad de todos sus derechos fundamentales, aunque tiene determinada su forma de ejercicio, entendiéndose por incapacitación una forma de protección.

Dicho lo cual, y tomándola, por nuestra parte, como uno de los referentes a la hora de apoyar la idoneidad del procedimiento de incapacitación actual con ciertas modificaciones como medio de adaptación del artículo 12 de la Convención, entendemos justo dejar expuesto en el presente artículo que, desde nuestro punto de vista, la Sentencia aquí expuesta designa para la persona incapacitada un tutor cuando el medio de protección ideal en este supuesto era el nombramiento de un curador que asistiese o apoyase a la persona en los actos que el juez considerase oportuno. A tal conclusión llegamos en base a varios motivos que se desprenden todos ellos de la propia literalidad de la Sentencia, como son:

A) Los que argumentó el Juez de Primera Instancia para incapacitar a la señora, el cual expuso que: «*solo cabe limitarla en los supuestos como el que nos ocupa porque Doña V., por sí sola, le es imposible participar libremente en los distintos aspectos de la vida, personales (vestir, pasear, etc.), familiares (llevar la casa, comprar, etc.), o sociales (visitas relaciones etc.) –no puede estar presente en estas actuaciones- e incluso aquellas otras que vienen impuestas por la administración del patrimonio que posee (ha conferido poder general), por lo que necesita protección, vigilancia o representación de otras personas, que sustituyan o complementen aquella cualidad o estado de la que carece…*» No llegamos a entender cuál de los supuestos arriba mencionados conlleva la necesidad de privar a una persona totalmente de su capacidad de obrar. ¿Tal vez haber otorgado un poder? ¿O no poder comprar, llevar la casa o recibir visitas? Tomar cualquiera de estas razones para nombrar un tutor a favor de una persona, entendemos sería contrario al espíritu de la Convención.

B) Pero es que, el mismo Juez, y tras su inspección personal a la señora, recogió que: «*Se trata de una persona de avanzada edad, afectada por una enfermedad visible de Parkinson, que se orienta bien en el tiempo y en el espacio, conoce sus circunstancias personales, a su familia y a su entorno, pudiendo afirmar que puede realizar actos propios de la vida cotidiana, no así complejos como sería la administración de sus bienes*». Después de estas afirmaciones, ¿acaso no parece claro que lo que necesitaba la persona en cuestión era un curador que le apoyase en su ámbito patrimonial?

C) A todo esto hay que sumarle el contenido del informe del médico forense que actuó en primera instancia, el cual reflejó que: *«aunque los diagnósticos de las enfermedades que padece no son incapacitantes por sí mismos...ante la complejidad de sus bienes, y ante la situación socio-familiar, podría llevarle a sufrir engaños por terceras personas...»*. Es decir, que el médico forense entendía que los diagnósticos de las enfermedades que padecía la señora no eran incapacitantes por sí mismos, pero que sí podía sufrir ésta engaños por terceras personas.

Por todo ello, nos reafirmamos en nuestra postura de que en el supuesto estudiado, y en base a la Convención de Naciones Unidas sobre los derechos de las personas con discapacidad, la única medida de protección que se debía haber establecido a favor de la persona necesitada de ayuda o asistencia era la del nombramiento de un curador que le apoyase o asistiese en todos sus actos patrimoniales, dejando dicho al mismo tiempo que no nos cabe duda de que en la actualidad sería la posición que venimos defendiendo la adoptada por nuestro Tribunal Supremo, tal y como se refleja en el siguiente punto.

5. Sentencia del Tribunal Supremo 421/2.013, Sala Primera, de lo Civil, 24 de junio

Nos encontramos aquí ante una Sentencia aún más importante que la anterior, visto su interés casacional.

En este supuesto, la Sentencia de primera instancia declaró incapacitado al demandado, tanto para regir su persona y bienes, incluida la privación del derecho activo, como su patrimonio, y nombró tutor a una entidad pública.

El demandado interpuso recurso de apelación que fue desestimado, como también fue desestimada la solicitud del Ministerio Fiscal de que fuera sometido a curatela, interesado en la vista celebrada en la alzada, *«porque las limitaciones que padece el demandado exigen acudir a la curatela»*.

Como antecedentes de interés para la resolución del recurso, la sentencia de la Audiencia Provincial señaló los siguientes: *«por Resolución de la Delegación Provincial de la Consellería de asuntos sociales, empleo y relaciones laborales, el demandado tiene reconocido un grado de minusvalía del 65% desde el 8 de mayo de 2.003 por enfermedad mental crónica. Se le diagnosticó esquizofrénica paranoide en informe del psiquiatra doctor Íñigo de 19 de abril de 2.004 que también hace constar la falta de conciencia de enfermedad, la negativa a recibir tratamiento psicofarmacológico y la asistencia desde el 13 de noviembre de 1.990 por la unidad de salud mental del hospital comarcal Valdeorras, a petición de sus familiares, por graves alteraciones psíquicas. En un primer informe médico forense de 17 de septiembre de 2.009, acompañado a la demanda, se mantienen idénticas conclusiones en orden al diagnóstico, falta de conciencia de enfermedad y negativa a tratamiento y se añade que no tiene capacidad plena y duradera para administrar su persona y bienes. En informe fechado el 16 de junio de 2.009, la trabajadora social del Ayuntamiento de A Rúa de Valdeorras pone de relieve el serio deterioro que sufre en su vida profesional, laboral y socio-*

familiar, el descuido en sus necesidades más básicas, la falta de control para administrar su dinero y patrimonio y conflictos con sus hermanos».

Añade, además, lo siguiente: «*Es verdad que el último de dichos informes contiene afirmaciones que pudieran apoyar la tesis de la parte apelante pero su lectura pausada revela contradicciones importantes en los extremos sobre los que incide el recurso. Así, mientras reconoce al demandado capacidad para conocer las consecuencias del procedimiento, considera que es muy vaga su habilidad para conocer el objeto del procedimiento; admite su capacidad contractual y para tomar decisiones económicas, sin embargo, califica de paranoide su capacidad para otorgar poderes a terceros y para realizar disposiciones testamentarias entre las que obviamente existen las de contenido patrimonial. Además de ello, considera al demandado incapaz para consentir tratamientos, escasas sus habilidades para el autocuidado de su salud para el seguimiento de pautas alimenticias y para el manejo de medicamentos, lo cual revela la necesidad de que sea sometido a un control que proteja su persona y bienes. Esta conclusión se ha reforzado con las pruebas practicadas en esta alzada, en cumplimiento de lo dispuesto en el artículo 759 LEC, singularmente con el examen del presunto incapaz, acreditativo de un discurso incoherente, alejado de la realidad, y con el resultado de la pericial rendida en juicio por el médico forense autor del informe de 16 de noviembre de 2.011, donde quedaron aclaradas las divergencias que pudieran resultar de su confrontación con el antes señalado de 30 de septiembre de 2.009 e igualmente el alcance de la incapacidad. En efecto, el primero de dichos informes alude a una limitación parcial para administrar persona y bienes, pero en las aclaraciones al mismo, su autor vino a admitir la necesidad de supervisión tanto en los aspectos patrimoniales como en los que afectan a la persona del demandado, en concreto para una adecuada alimentación y para la sumisión a tratamiento, indispensable para un adecuado control de su enfermedad a fin de conseguir su integración en la sociedad en la forma más plena posible*».

La Sentencia fue recurrida en casación tanto el demandado como el propio Ministerio Fiscal, citando como infringida la Convención sobre los Derechos de las Personas con Discapacidad y los artículos 199 , 200 y 287 del Código Civil, puestos en relación con los artículos 10, 14 , 23 y 96 de la Constitución Española. Considera que existe una clara desproporcionalidad en la medida adoptada en la Sentencia, lo que también comparte el Ministerio Fiscal, una vez practicada la prueba en segunda instancia, por lo que solicitó la instauración de una curatela, ya que en los informes periciales no hablan de limitación total, único caso en el que procedería la incapacitación total, que es la que, finalmente, se ha adoptado en contra de la proporcionalidad y adaptación a las circunstancias de la persona exigidas ambas por el artículo 12 del Convenio, privándole, incluso, de derechos fundamentales, como el de sufragio, cuando no existe ninguna referencia a la supuesta pérdida de las habilidades para que se vea privado del derecho de voto, o incluso, de la posibilidad de gobernarse por sí mismo, cuando siempre lo ha hecho para atender sus propios asuntos.

El Tribunal Supremo casó la sentencia.

Señala la Sentencia en su Fundamento Jurídico 2º, que no se discute que la incapacitación de una persona, total o parcial, debe hacerse siguiendo siempre un criterio restrictivo por las limitaciones de los derechos fundamentales que comporta. Lo que se cuestiona en este caso es de qué manera se encuentra afectado don Camilo para adoptar la medida que se más favorable a su interés y como puede evitarse una posible disfunción en la aplicación de la Convección de Nueva York, según propone el Ministerio Fiscal, que tenga en cuenta, como principio fundamental, la importancia que para las personas con discapacidad reviste su autonomía e independencia individual, sus habilidades, tanto en el ámbito personal y familiar, que le permitan hacer una vida independiente, pueda cuidar de su salud, de su economía y sea consciente de los valores jurídicos y administrativos, reconociendo y potenciando la capacidad acreditada en cada caso, más allá de la simple rutina protocolar, evitando lo que sería una verdadera muerte social y legal que tiene su expresión más clara en la anulación de los derechos políticos, sociales o de cualquier otra índole reconocidos en la Convención.

Sin duda, una situación como ésta no permite mantener un mismo status del que se disfruta en un régimen de absoluta normalidad, pero tampoco lo anula. Lo que procede es instaurar los apoyos personalizados y efectivos en beneficio de la persona afectada en la toma de decisiones, a los que con reiteración se refiere la Convención, para, en palabras de la misma, proteger su personalidad en igualdad de condiciones con los demás permitiéndole el ejercicio de la capacidad de obrar en las diferentes situaciones que se planteen, siempre en el plazo más corto posible y mediante los controles periódicos que se realicen, como precisa el artículo 12.

Asimismo, dentro del mismo Fundamento Jurídico 2º, como punto 4 establece la Sentencia que estos hechos, que son en breve síntesis los que resultan de la valoración de la prueba de la sentencia, conducen a estimar la necesidad de una supervisión tanto en los aspectos patrimoniales como en aquellos que afectan a la persona, que garanticen su estado de salud, el pago de sus necesidades ordinarias, eviten el gasto excesivo y la manipulación por parte de terceras personas, y para ello resulta determinante que se aplique la curatela y no la tutela, reinterpretada a la luz de la citada Convención, desde un modelo de apoyo y de asistencia y el principio del superior interés de la persona con discapacidad, que, manteniendo la personalidad, requiere un complemento de su capacidad (SSTS 29 de abril y 11 de octubre de 2.009). Una solución distinta, como dice el Ministerio Fiscal, *«no va a repercutir en mejorar su modo de vida, puede apagar su arte y no garantizará la toma de la medicación que precisa no teniendo sentido hacerlo de forma coactiva»*, sino mediante un simple apoyo del curador.

En la esfera personal requerirá la intervención del curador en cuanto al manejo de los medicamentos prescritos, ayuda de su enfermedad y autocuidado, el cual decidirá también, en su caso, la permanencia en residencia o su internamiento en un establecimiento de salud mental o de educación o formación especial. En lo que se refiere a su patrimonio y economía, conservará su iniciativa pero precisará del curador para la administración, gestión y disposición, ya sea *inter vivos* o *mortis causa*, completando su incapacidad. Controlará y fiscalizará todos sus gastos, incluidos los corrientes, sin perjuicio de que se le asigne una suma periódica para su consumo y necesidades cotidianas de la vida (dinero de bolsillo).

La Sentencia se va a mantener en lo demás, con la única precisión de que el curador deberá informar cada seis meses, o antes si fuera necesario, sobre la situación personal del incapacitado y rendir cuentas anuales de su gestión a fecha 31 de diciembre de cada anualidad. Dicha rendición consistirá en una relación detallada de los gastos e ingresos acaecidos en su patrimonio, relación que habrá de ir acompañada de documentos originales; justificativos de los mismos y se hará entrega en el Juzgado que ha conocido de este asunto.

A parte del enorme interés de la presente Sentencia tanto por su interés casacional anteriormente referido, como por la elección de la curatela como medio de protección ideal, tanto en el ámbito patrimonial como personal, de la persona con discapacidad psíquica, lo es por lo recogido en el punto 6 siempre del mismo Fundamento de Derecho, en el que respecto al sufragio pasivo recoge que en ningún caso queda afectado el derecho de sufragio del que se le priva sin justificación alguna.

El artículo 29 de la Convención garantiza a las personas con discapacidad los derechos políticos y la posibilidad de gozar de ellos en igualdad de condiciones y como corolario lógico ejercer el derecho de voto que se considera conveniente y beneficioso, mientras que el artículo 3.1 b y 2 de la Ley 5/1.985, de 19 de julio, del Régimen Electoral General, señala que los declarados incapaces en virtud de sentencia judicial firme quedarán privados del derecho de sufragio, siempre que la misma declare expresamente la incapacidad para su ejercicio, debiendo los Jueces o Tribunales que entiendan de los procedimientos de incapacitación o internamiento pronunciarse expresamente sobre la incapacidad para el ejercicio del sufragio. La pérdida del derecho de sufragio no es una consecuencia automática o necesaria de la incapacidad, sino que es posible la incapacitación y la reserva al incapaz de este derecho pues una cosa es que una persona no pueda regirse por sí misma, ni administrar su patrimonio, y otra distinta que esté impedida para ejercitarlo correctamente. Es el Juez que conoce del proceso a quien corresponde analizar y valorar la situación de la persona sometida a su consideración y pronunciarse sobre la conveniencia de negar el ejercicio de este derecho fundamental, que es regla y no excepción, a quien puede hacerlo no obstante su situación personal. Nada se argumenta en la sentencia de que no pueda hacerlo, de que no pueda discernir el sentido de su voto o que lo ponga en riesgo mediante la actuación de terceros, antes al contrario, su habilidad para tomar una decisión de esta clase no ha sido cuestionada y parece además conveniente que así lo haga de forma libre, como medida terapéutica para el tratamiento de su enfermedad, que puede verse afectada por el rechazo que deriva de su estado.

Al respecto, debo destacar el importante paso normativo dado a través de la Ley Orgánica 2/2.018, de 5 de diciembre, para la modificación de la Ley Orgánica 5/1.985, de 19 de junio, del Régimen Electoral General para garantizar el derecho de sufragio de todas las personas con discapacidad, mediante la cual y atendiéndose a una larga reivindicación social, se devuelve a unas cien mil personas un derecho del que habían sido incomprensiblemente por sentencia. Tras esta modificación legal, a ninguna persona con discapacidad se le podrá retirar en el futuro el derecho de sufragio, y quienes estuvieran en esta situación a su entrada en vigor lo recuperarán de modo automático, por mandato directo de la Ley.

Pues bien, la futura ley de reforma de la legislación civil y procesal supondrá un hito fundamental en el proceso de adaptación de nuestro ordenamiento a la Convención de Nueva York, así como en la puesta al día de nuestro Derecho interno en un tema, como es el del respeto al derecho de igualdad de todas las personas en el ejercicio de su capacidad jurídica, que viene siendo objeto de atención constante en los últimos años, tanto por parte de las Naciones Unidas, como por el Consejo de Europa o por el propio Parlamento Europeo y, como lógica consecuencia, también por los ordenamientos estatales de nuestro entorno.

La nueva regulación está inspirada, como nuestra Constitución exige en su artículo 10, en el respeto a la dignidad de la persona, en la tutela de sus derechos fundamentales y en el respeto a la libre voluntad de la persona con discapacidad, así como en los principios de necesidad y proporcionalidad de las medidas de apoyo que, en su caso, pueda necesitar esa persona para el ejercicio de su capacidad jurídica en igualdad de condiciones con los demás. Al respecto, ha de tomarse en consideración que, como ha puesto en evidencia la Observación General del Comité de Expertos de las Naciones Unidas elaborada en 2.014, dicha capacidad jurídica abarca tanto la titularidad de los derechos como la legitimación para ejercitarlos.

Conforme a ello, Según la propia Exposición de motivos del Proyecto de Ley por la que se reforma la legislación civil y procesal para el apoyo a las personas con discapacidad en el ejercicio de su capacidad jurídica, la curatela es la principal medida de apoyo de origen judicial para las personas con discapacidad: «el propio significado de la palabra curatela –cuidado–, revela la finalidad de la institución: asistencia, apoyo, ayuda en el ejercicio de la capacidad jurídica; por tanto, como principio de actuación y en la línea de excluir en lo posible las actuaciones de naturaleza representativa, la curatela será, primordialmente, de naturaleza asistencial. No obstante, en los casos en los que sea preciso, y solo de manera excepcional, podrá atribuirse al curador funciones representativas».

El Proyecto de Ley elimina del ámbito de la discapacidad la tutela[48] y la patria potestad prorrogada y rehabilitada[49], dejando como figura judicial de apoyo continuado (para determinadas situaciones puntuales se contempla el defensor judicial[50]) la curatela, por ser la más acorde con los mandatos, principios y valores de la Convención, tal y como propuse hace años. Ésta es una de las principales novedades que pretende introducir la proyectada reforma legislativa y, por ello, le dedica mayor atención. Pese a ello, VIVAS TESÓN[51] considera que no es la curatela el objetivo principal del Proyecto de ley, sino el fomento de la guarda de hecho. Si bien su valoración de dicha iniciativa legislativa es positiva pues pone a la persona en el centro de su vida, respetándose y acompañándose sus decisiones en línea al modelo social de la Convención, echa en falta un instrumento de apoyo a la persona mayor con discapacidad similar a la figura de la asistencia catalana[52].

Además, el Proyecto tiene otra finalidad, modificar varias leyes, entre otras, la LPPD «con el objeto de acompasar su regulación al cambio de paradigma que introduce esta reforma», tal y como se anuncia en el apartado VII de su Exposición de Motivos.

---

[48] El Proyecto de Ley circunscribe la tutela a los menores de edad no emancipados en situación de desamparo o no sujetos a patria potestad (art. 199).

[49] VIVAS TESÓN, I. (2.021). «Curatela y asistencia», en *Principios y preceptos de la reforma legal de la Discapacidad. El Derecho en el umbral de la Política*. En: MUNAR (coord.). Madrid: Marcial Pons, pág. 280 no comparte la justificación de la supresión en el ámbito de la discapacidad de la patria potestad contenida en la Exposición de Motivos del Proyecto de Ley en la inadecuación de los padres «para favorecer que el hijo adulto con discapacidad logre adquirir el mayor grado de independencia posible y se prepare para vivir en el futuro sin la presencia de sus progenitores, dada la previsible supervivencia del hijo» (en el Anteproyecto de Ley de 13 de septiembre de 2018 este inciso final tenía la siguiente redacción: «sin la presencia de sus progenitores que, en la mayor parte de los casos, morirán antes que él»), pues además de no ser cierto, contradice lo afirmado anteriormente para justificar la nueva regulación de la guarda de hecho: «la familia sigue siendo en nuestra sociedad el grupo básico de solidaridad y apoyo entre las personas que la componen, especialmente en lo que atañe a sus miembros más vulnerables». A ello debe añadirse que, con enorme frecuencia, son los padres quienes, tras extinguirse la patria potestad, desempeñan la guarda de hecho del hijo mayor de edad que precisa apoyo.

[50] Artículo 295 del C.c. en su redacción propuesta por el Proyecto de Ley.

[51] VIVAS TESÓN, «Curatela y asistencia», cit., pág. 281.

[52] VIVAS TESÓN, *Op. cit.*, pág. 303.

CAPÍTULO II

LA SUSTITUCIÓN FIDEICOMISARIA ESPECIAL A FAVOR DE LOS DESCENDIENTES INCAPACITADOS JUDICIALMENTE SOBRE EL TERCIO DE LEGÍTIMA ESTRICTA

2.1. De su posible inconstitucionalidad dado el alcance sobre la legítima estricta del resto de legitimarios

Muy brevemente diré que la sustitución fideicomisaria puede definirse como aquella disposición testamentaria en cuya virtud, el testador impone al heredero fiduciario la obligación de conservar la herencia fideicomitida y restituirla, llegado el momento fijado por el causante, a los herederos fideicomisarios designados en el testamento.

El origen de la institución se encuentra en la época Romana, apareciendo concretamente en el siglo I de nuestra era, pasando por el Código de las Partidas, hasta la Novísima Recopilación, así como por las Leyes Desvinculadoras y por diferentes Proyectos de Códigos Civiles, hasta nuestro definitivo Código Civil[1] de 1.889, el cual desde su promulgación regula esta figura jurídica entre sus artículos 781 y 789.

Es decir, que la sustitución fideicomisaria ha perdurado en nuestro Ordenamiento desde la época romana hasta nuestros días, quedando con ello acredita su importancia a lo largo del tiempo.

Pero fue en el año 2.003, a raíz de la promulgación de la LPPD, cuando la sustitución fideicomisaria pasó a convertirse no solo en una de las figuras jurídicas más importantes de nuestro Derecho Sucesorio, sino también, en una institución de imprescindible conocimiento para todos los profesionales del Derecho.

Y es que, mediante dicha norma el legislador de 2.003 modificó los artículos 782, 808 y 813.2 del C.c., los cuales, desde entonces, presentan el siguiente contenido:

---

1 En adelante C.c., y que fue publicado en GACETA de 25 de julio de 1.889.

Artículo 782 del C.c.: «*Las sustituciones fideicomisarias nunca podrán gravar la legítima, salvo que graven la legítima estricta en beneficio de un hijo o descendiente judicialmente incapacitado en los términos establecidos en el artículo 808. Si recayera sobre el tercio de mejora, solo podrán hacerse a favor de los descendientes*».

Artículo 808, párrafo 3°, del C.c.: «*Cuando alguno de los hijos o descendientes haya sido judicialmente incapacitado, el testador podrá establecer una sustitución fideicomisaria sobre el tercio de legítima estricta, siendo fiduciarios los hijos o descendientes judicialmente incapacitados y fideicomisarios los herederos forzosos*».

Artículo 813, párrafo 2°, del C.c.: «*El testador no podrá privar a los herederos de su legítima sino en los casos expresamente determinados en la ley.*

Tampoco podrá imponer sobre ella gravamen, ni condición, ni sustitución de ninguna especie, salvo lo dispuesto en cuanto al usufructo de viudo y lo establecido en el artículo 808 respecto de los hijos o descendientes judicialmente incapacitados».

Por esta nueva redacción dada a la institución a partir de la LPPD, la doctrina mayoritaria se dirige a ella como sustitución fideicomisaria «especial», debiendo destacarse de ésta principalmente lo siguiente:

1°.- A través de la LPPD, la sustitución fideicomisaria fue elegida por el legislador español como la figura jurídica a través de la cual poder proteger patrimonialmente a las personas incapacitadas judicialmente.

Eso sí, dicha institución única y exclusivamente podrá establecerse a favor de personas incapacitadas judicialmente y nunca a favor de personas con discapacidad, ya que el contenido de la ley es muy tajante al respecto, contemplándose en su artículo 10.2, 3 y 4 como únicos beneficiarios de la figura a los hijos o descendientes judicialmente incapacitados.

Por ello, las personas con discapacidad sobre las que no haya recaído sentencia de incapacitación[2] no podrán ser jamás beneficiarias de la sustitución fideicomisaria, lo cual choca contra el propio título de la Ley que la origina, que no es otro que Ley de Protección Patrimonial de las Personas con Discapacidad.

Coincido plenamente con MARTÍN MELÉNDEZ[3] cuando expone que causa extrañeza que la posibilidad de constituir una sustitución fideicomisaria tenga como requisito imprescindible que el fiduciario sea una persona incapacitada, y no simplemente una persona con discapacidad, dado el título de la ley y que el objetivo fundamental de la misma sea la protección de las personas con discapacidad.

---

[2] Da igual que la sentencia sea parcial (curador) o total (tutor, o patria potestad rehabilitada o prorrogada).

[3] MARTÍN MELÉNDEZ, *La sustitución fideicomisaria sobre la legítima estricta en presencia de incapacitados*, Editorial Dykinson, Madrid, 2.010, págs. 54 y 55.

¿Cuál pudo ser el motivo por el que el legislador ha querido limitar esta sustitución fideicomisaria exclusivamente a favor de los incapacitados judicialmente y no a favor de las personas con discapacidad?

Algunos autores[4] entienden tal limitación como una medida para fomentar que las familias se decidan a incapacitar a aquellas personas que lo necesiten y aún no lo hayan hecho. Es decir, que ven en la sustitución fideicomisaria una medida del legislador del 2.003 para estimular o incentivar la incapacitación judicial.

Sin embargo, en mi opinión, y coincidiendo con otros autores[5], considero que la verdadera intención del legislador de 2003 al fijar el alcance de la institución a favor de personas que sufran una enfermedad (ya sea física o mental) tan importante que conlleve su incapacitación civil fue precisamente limitar el uso de una figura con unas consecuencias jurídicas tan importantes[6], quedando así excluida la posibilidad de instituir la sustitución fideicomisaria sobre todo el tercio de legítima estricta a favor de personas con alguna discapacidad física o sensorial del 65% (por ejemplo, una persona con movilidad reducida, o una persona con una discapacidad visual o auditiva de dicho porcentaje, etc.) o psíquica del 33% (como puede ser, por ejemplo, una persona que necesite simplemente el apoyo de un curador para medicarse).

---

4 RUIZ-RICO RUIZ MORÓN, *Op. cit.*, pág. 363, nota 7, cuenta que «*seguramente, puesto que es una medida excepcional, el legislador haya querido introducir la posibilidad de gravar la legítima solo cuando quede garantizado que el favorecido es persona que no puede gobernarse por sí misma. Por otro lado, cabe pensar también que ésta es una forma de fomentar la incapacitación; no hay que olvidar que es una medida de protección*».
Y en la misma línea, RIPOLL SOLER, A. (2.005), «La sustitución fideicomisaria del nuevo artículo 808 C.C.: Fideicomiso de residuo», en *Boletín del Colegio de Registradores de España*, Editorial Centro de Estudios, Nº 114, pág. 826, manifiesta que «*me inclino a pensar que el gravamen legitimario lo que trata también, desde un punto de vista de política legislativa, es de incentivar la incapacitación judicial, que, por otro lado, tarde o temprano, tendrá que llegar, pues el hijo incapaz bajo el cobijo de los padres, irremisiblemente se convierte en actor jurídico para heredar a éstos*».

5 Como ya apunto incluso antes PEREÑA VICENTE, M. (2.004), «El incapacitado ante la nueva protección jurídica del discapacitado», en *Actualidad Civil*, Núm. 15, pág. 1763, al exponer que «*no hay que olvidar que el artículo 813 del CC consagra como regla general que la legítima no podrá ser gravada, por lo que esta posibilidad es una excepción a la misma y, como tal deberá ser objeto de interpretación restrictiva*».
O también GÓMEZ-RIESCO TABERNERO DE PAZ, «La sustitución fideicomisaria a favor de persona con discapacidad», Conferencia pronunciada el 22 de noviembre de 2.013, en el marco de las Jornadas tituladas *Instrumentos jurídicos-privados de protección de las personas con discapacidad*, organizadas por la Universidad de Navarra y la Fundación Aequitas, donde fijó que «*tal vez sea más correcto entender que nos encontramos ante un supuesto en el que el legislador se muestra más garantista: puesto que supone una excepción a la intangibilidad de la legítima que produce como resultado la afectación de derechos de terceros (pues priva provisionalmente a los legitimarios de lo que les corresponde por legítima estricta en la sucesión del difunto), se considera indispensable la intervención judicial, sin que baste el control meramente administrativo ligado a la discapacidad*».

6 Y es que, recordemos, a través de ella se puede privar al resto de herederos forzosos de su legítima estricta, como mínimo, temporalmente.

Perfectamente lo expresa MARTÍN MELÉNDEZ[7] cuando argumenta que «*el motivo por el que la Ley 41/2.003 ha optado por el incapacitado, excluyendo a los simples discapacitados, es que ha querido reducir las posibilidades de exceptuar la aplicación del principio de intangibilidad de la legítima mediante la determinación de los sujetos que podrían resultar favorecidos (fiduciarios) por los nuevos arts. 782, 808 y 813 C.c., puesto que el número de incapacitados judicialmente es menor que el de discapacitados (...), y se considera que está en situación de mayor gravedad y, por tanto, más necesitada, una persona respecto a la que se ha declarado judicialmente que no puede gobernarse por sí misma (independientemente del grado de incapacitación y de que esté sometida a tutela o curatela), que aquélla que, simplemente, ha sido declarada discapacitada*».

2º.- El segundo argumento que acredita la importancia de la institución que estudiamos es el nuevo alcance concedido a la sustitución fideicomisaria como el primer medio jurídico elegido por el legislador español a través del cual acabar con el principio sagrado e histórico en nuestro Derecho Sucesorio de la intangibilidad de la legítima estricta[8].

Y es que, tras la entrada en vigor de la LPPD, los testadores españoles podrán beneficiar a sus hijos o descendientes incapacitados judicialmente no solo con el tercio de libre disposición y el de mejora, sino que también podrán establecer a su favor una sustitución fideicomisaria sobre todo el tercio de legítima estricta, gravando con ello al resto de herederos forzosos sobre dicha cuota, lo cual atenta contra todos los antecedentes históricos del Código civil, ya que tal posibilidad supone que el resto de herederos forzosos que actúen como fideicomisarios vean gravada su cuota de legítima estricta.

2.1.1. Posibilidad real en España de vulnerar la legítima estricta del resto de herederos forzosos instituyendo una sustitución fideicomisaria especial de residuo

Uno de los problemas de mayor envergadura jurídica que conlleva la regulación dada por el legislador del 2.003 a la sustitución fideicomisaria especial es la posibilidad, o no, de que ésta sea de residuo.

Por sustitución fideicomisaria de residuo se entiende la disposición de última voluntad del testador, a través de la cual, y a diferencia de lo que ocurre con la sustitución fideicomisaria ordinaria, se permite al fiduciario disponer de todos o parte de los bienes fideicomitidos, de modo que el fideicomisario adquirirá en el momento de la restitución los bienes de los

[7] MARTÍN MELÉNDEZ, *Op. cit.*, págs. 63 y 64.

[8] Nada tiene que ver con las excepciones a la intangibilidad cualitativa de la legítima estricta que existían con anterioridad a la entrada en vigor de la LPPD, excepciones que, por regla general, simplemente suponían el aplazamiento del cobro de la legítima, como era el caso de la *cautela socini*, o la posibilidad de conmutar la legítima en dinero. Como veremos a lo largo del presente artículo, a través de esta institución se puede llegar incluso a darse la intangibilidad cuantitativa de la legítima estricta, llegando con ello a desheredarse al resto de herederos forzosos.

cuales el fiduciario no haya dispuesto, y en caso de haber dispuesto de todos, se quedará el fideicomisario sin adquirir ninguno.

O dicho de otro modo, a través de la institución de residuo el fideicomisario solo tendrá derecho a los bienes fideicomitidos de los que el fiduciario no haya dispuesto «*inter vivos*», o incluso, «*mortis causa*», de haberlo autorizado así expresamente el testador.

Nos encontramos aquí con el tipo de sustitución fideicomisaria más importante que existe, no solo por su alcance, sino porque, tal y como comenta LASARTE[9], pese a su denominación, la sustitución fideicomisaria de residuo es más frecuente en la realidad que la sustitución fideicomisaria pura. Así se deduce de la jurisprudencia al respecto y así lo afirman la mayor parte de los notarios, buenos conocedores por antonomasia de la práctica sucesoria.

Valga, pues, la paradoja: la sustitución fideicomisaria de residuo no puede ser considerada una *figura residual* en la práctica testamentaria, al menos, si se la compara con la sustitución fideicomisaria ordinaria. Y es que, tal y como recientemente expuso RIVAS MARTÍNEZ[10], «*esta figura* (refiriéndose a la institución de residuo), *es, sin ningún género de dudas, la que está llamada a tener un mayor desarrollo, y podrá resolver el sinnúmero de problemas que puedan plantearse en la práctica profesional*».

En cuanto a la facultad del fiduciario a la hora de disponer de los bienes fideicomitidos, coinciden la doctrina y la jurisprudencia al afirmar que puede ser muy variado el grado de permisividad mostrado por el testador.

Así, por ejemplo, podría el fideicomitente conceder al fiduciario la facultad únicamente de consumirlos, o también de enajenarlos (y esto a título oneroso o a título gratuito sin más), o bien de disponer de algunos en concretos, o de disponer de todos, etc.

Dicho lo anterior, hemos de reflejar que tal y como argumenta DÍAZ ALABART[11], el fin que habitualmente se persigue con la sustitución fideicomisaria de residuo es la concesión de la facultad de enajenar *inter vivos* en los casos que lo necesite el fiduciario; aunque suele establecerse que dicha necesidad quede a juicio del mismo, y que no tenga deber de justificarla.

En el mismo sentido, expone la autora NIETO ALONSO[12] que cualquier estudioso mínimamente avezado de estas instituciones testamentarias puede

---

9 LASARTE, *Op. cit.*, pág. 136.

10 RIVAS MARTÍNEZ, J. J. (2.014), «Problemas «habituales» en los testamentos y particiones con los fideicomisos normales y de residuo», *El patrimonio sucesorio: Reflexiones para un debate reformista,* Tomo I, LLEDÓ YAGÜE, FERRER VANRELL Y TORRES LANA (directores), Editorial Dykinson, Madrid, pág. 487.

11 DÍAZ ALABART, El fideicomiso..., cit., pág. 231.

12 NIETO ALONSO, A. (2.014), «Sustitución fideicomisaria de residuo, usufructo testamentario de disposición y donación. La atribución de facultades dispositivas y la repercusión de la situación de necesidad», Editorial Wolters Kluwer, Madrid, pág. 34.

constatar que las modalidades más habituales en estas figuras jurídicas en las que el testador dota a los favorecidos con facultades dispositivas, son las que subordinan esta disposición a la situación de necesidad, sea del fiduciario o del usufructuario.

Eso sí, no se podrá estimar que existe facultad de disponer de bienes fideicomitidos sino cuando conste que se concedió expresamente, debiendo estimarse que dicha facultad de disposición únicamente se extiende a los casos para los que conste que se autorizó.

Una vez expuesto lo anterior, hemos de afirmar que las dos clases de sustituciones fideicomisarias de residuo que existen en nuestro Ordenamiento jurídico, emanan del grado de permisividad que el testador tenga con el fiduciario, y que según la jurisprudencia de nuestro Tribunal Supremo[13] se clasifican en sustituciones fideicomisarias *si aliquid supererit* (si queda algo) y *de eo quod supererit* (de aquello que debe quedar).

En las sustituciones fideicomisarias de residuo *de eo quod supererit* (de aquello que debe quedar), el fiduciario contará con facultades de disposición *inter vivos* sobre ciertos bienes fideicomitidos, pero no sobre todos, ya que la intención del testador es que una vez llegado el término o cumplida la condición, ciertos bienes vayan a parar al fideicomisario.

Dicho de otra forma, el fiduciario, en esta modalidad, no podrá disponer libremente de toda la herencia fideicomitida, por ser voluntad del fideicomitente que el fideicomisario reciba parte de la herencia, por pequeña que ésta sea.

En cambio, en los supuestos de sustituciones fideicomisarias *si aliquid supererit* (si queda algo), nos encontramos en aquellos casos en los que el testador faculta al fiduciario a disponer *inter vivos* de todos los bienes fideicomitidos, sin ningún tipo de límite, es decir, que el fiduciario podrá disponer absolutamente de toda la herencia fideicomitida, por lo que los

---

13 Así lo refleja, entre otras, la Sentencia del Tribunal Supremo de 7 de enero de 1.959 al exponer que «*...el fideicomiso de residuo puede adoptar dos modalidades: 1.ª Hipótesis en que el testador faculte al fiduciario para disponer de los bienes objeto de la institución sin trabas de ningún género. En este caso los herederos fideicomisarios solo recibirán, en su día, lo que quede o reste, si algo efectivamente queda de la herencia. (En esta hipótesis aparecerá el fideicomiso conocido como si aliquid supererit, si queda algo).*
2ª. Supuesto en la que el causante restringe al fiduciario los poderes de disposición de tal forma que siempre los fideicomisarios deben recibir un mínimo del caudal hereditario, que necesariamente ha de recaer en ellos, por expresa voluntad de aquél (aparecerá el llamado de eo quod supererit, de aquello que deba quedar)».
O, también, la Sentencia de 25 de mayo de 1.971[15], mediante la cual, reitera que «*en cuanto a la naturaleza de las cláusulas testamentarias de residuo, depende sobre todo de la intención del testador, pudiendo adoptar dos modalidades: Primera. En el supuesto de que el testador (fideicomitente) faculte al fiduciario para disponer de los bienes objeto de la institución sin trabas de ningún género, en cuyo caso los herederos fideicomisarios solo recibirán en su día lo que quede o reste (si aliquid supererit), si queda algo; y Segunda. En la hipótesis de que el causante restrinja los poderes de disposición de tal forma que siempre los fideicomisarios deben recibir un mínimo del caudal hereditario, que necesariamente ha de recaer en ellos por expresa voluntad de aquél (de eo quod supererit), de aquello que debe quedar*».

fideicomisarios solo recibirán llegado el momento oportuno, lo que queda de la herencia fideicomitida, y de ahí la expresión de «*si queda algo*».

Por todo ello, de admitirse la posibilidad de establecer una sustitución fideicomisaria especial de residuo *si aliquid supererit* a favor de los hijos o descendientes incapacitados judicialmente estaríamos facultando al testador a vulnerar no solo el principio de la intangibilidad cualitativa de la legítima estricta, sino también, la intangibilidad cuantitativa de la misma, lo cual podría llegar a suponer la desheredación del resto de herederos forzosos, es decir, de los fideicomisarios.

De ahí que nos enfrentemos en este punto a una de las cuestiones más problemáticas, controvertidas, y de mayor interés doctrinal en los últimos tiempos: ¿Podrá o no el testador con un hijo o descendiente incapacitado judicialmente establecer una sustitución fideicomisaria especial de residuo sobre el tercio de legítima estricta?

En mi opinión, y aun reconociendo que existe una corriente doctrinal negativa[14] y otra que solo lo entiende posible en casos de estricta necesidad[15],

---

[14] La corriente doctrinal negativa que considera que la sustitución fideicomisaria especial introducida por la LPPD no podrá ser nunca de residuo, es, sin duda, la corriente compuesta por la mayoría de autores. De entre ellos destacan, por ejemplo, ALBALADEJO, M. (2.005), «El gravamen con una sustitución fideicomisaria a favor del descendiente incapacitado de la legítima estricta de los demás descendientes», en *Anales de la Real Academia de Jurisprudencia y Legislación*, Núm. 35, Madrid, pág. 43, cuando expone que «*la sustitución fideicomisaria de que se trata es una sustitución fideicomisaria normal, no con facultad de disponer, ni tampoco fideicomisaria de residuo, las que el testador no podría establecer aunque quisiera.*

Sin embargo, hay quien opina que el testador puede dispensar al incapacitado fiduciario del deber de conservar, disponiendo incluso un fideicomiso de residuo.

Opinión claramente errónea (...). Permitir esto sería tanto como que directa o eventualmente pudiese el testador dejar al incapacitado la parte libre, la mejora entera y también la legítima entera, privando de ésta a todos los demás legitimarios que no fuesen el incapacitado».

O también LEÑA FERNÁNDEZ, R. (2.005), «Posibilidades testamentarias y otras disposiciones en materia de sucesiones que ofrece la Ley 41/2003», en *Discapacitado, patrimonio separado y legítima*, Cuadernos de Derecho Judicial, XX, Consejo General del Poder Judicial, Madrid, pág. 195, cuando indica que «*ciertamente, la modificación efectuada de los artículos del Código civil no limita el tipo de fideicomiso que puede imponerse, por lo que parece tendría cabida el condicional e incluso el de residuo. Sin embargo, una interpretación finalista de la Ley lleva a no admitir esos tipos de fideicomiso puesto que solo admite el gravamen de la legítima estricta con el fideicomiso regulado, pero no la privación de esa legítima estricta, cosa que podría ocurrir si no se cumpliese la condición puesta por el testador a los fideicomisarios en el fideicomiso condicional o no existiesen bienes para transmitir a los fideicomisarios por haber dispuesto de ellos el fiduciario en el caso de fideicomiso de residuo*».

[15] Esta corriente considera posible la constitución de una sustitución fideicomisaria especial de residuo sobre el tercio de legítima estricta, siempre y cuando se acredite la estricta necesidad de disponer del fiduciario incapacitado. En tal sentido destacan autores como RANGEL SÁNCHEZ, L. F. (2.013), «Artículo 808», en *Comentarios al Código civil*, Tomo IV, BERCOVITZ RODRÍGUEZ-CANO (director), Editorial Tirant Lo Blanch, Valencia, pág. 5865, cuando manifiesta que «*el sacrificio de privación de la legítima de los descendientes no incapacitados cuando se constata la necesidad del descendiente incapacitado. Fuera de este caso*

considero que efectivamente el hecho de la sustitución fideicomisaria especial que se instituye a favor de los hijos o descendientes judicialmente incapacitados sea de residuo *si aliquid supererit* dependerá única y exclusivamente del testador, o dicho de otra forma, que será perfectamente posible la constitución de una sustitución especial de residuo sobre todo el tercio de legítima estricta.

En la misma línea destaca la opinión de autores como PEREÑA VICENTE[16], quien considera que «*incluso esa privación podrá ser definitiva si el causante, haciendo uso de la facultad que le concede el art. 783, dispensa al fiduciario del deber de conservar la herencia constituyendo un fideicomiso de residuo. Esta posibilidad supone que el legislador admite que, ante la presencia de un incapacitado, la legítima de los demás coherederos puede llegar a desaparecer. Desde luego, una medida drástica que, esperemos, logre resolver más problemas de los que puede plantear*».

O, por su parte, CÁMARA LAPUENTE[17], quien entiende que «*más difícil es dilucidar si el testador puede crear un fideicomiso de residuo con plenas facultades dispositivas a favor del fiduciario incapacitado (a través de su representante); aunque con el tenor de los arts. 808.3 y 782 sería posible, por ser una modalidad de sustitución fideicomisaria, la doble excepción que suponen los arts. 783.2 (al 781) y 782 (al 813) aconseja una interpretación lo más restrictiva posible de esta modalidad para no vaciar totalmente el contenido (y no solo aplazar) las legítimas de los otros hijos o descendientes del causante*».

DÍAZ ALABART[18] manifiesta que aunque lo lógico sería no considerar posible la constitución de una sustitución fideicomisaria especial de residuo, acaba manifestando que no se atrevería a descartar dicha posibilidad, ya que: «*precisamente por carecer o tener muy mermada la obligación de conservar los bienes fideicomitidos es difícil aceptar que pueda ser de residuo el fideicomiso que se permite sobre el tercio de legítima estricta en el art. 808.3 C.c. De admitirse, podría convertirse en más que un gravamen a la legítima estricta en una verdadera desheredación para los legitimarios fideicomisarios, que podrían verse privados de su legítima si el fiduciario dispone, de una u otra forma de los bienes fideicomitidos.*

---

extremo de estricta necesidad, estimamos que la sustitución fideicomisaria no debe llevar a la privación de la legítima estricta, por más que lo hubiera previsto el testador al establecer un fideicomiso de residuo. Por lo tanto, quedarían excluidas las posibilidades de disponer a título gratuito de los bienes fideicomitidos, tanto inter vivos como mortis causa, porque en tales supuestos no se estará acreditando que exista necesidad por parte del fiduciario».

También RIPOLL SOLER, «La sustitución fideicomisaria del nuevo art. 808 CC: fideicomiso de residuo», cit., pág. 5865, entiende que «*aunque no estará exento de críticas, me parece que la solución adecuada es entender que la norma se está refiriendo a un fideicomiso de residuo con facultades de disposición para caso de necesidad del incapacitado*».

O, por último, DOMÍNGUEZ LUELMO, «Artículo 813», en *Comentarios al Código Civil*, DOMÍNGUEZ LUELMO (director), 1ª Edición, Editorial Lex Nova, Valladolid, 2.010, pág. 931, cuando indica: «*A mi juicio, cabe igualmente gravar la legítima estricta con un fideicomiso de residuo, permitiendo al incapacitado la disposición de todos los bienes en caso de necesidad*».

16 PEREÑA VICENTE, «El Derecho...», cit., pág. 2.

17 CÁMARA LAPUENTE, *Op. cit.*, pág. 726.

18 DÍAZ ALABART, «La sustitución...», cit., pág. 1.050.

Por ello el admitir que el fideicomisario del art. 808.3 C.c. pueda ser de residuo lo considero excesivo, pues aunque se admita en el citado precepto la creación de un gravamen sobre la legítima estricta, mientras ésta no pierda su carácter, no sería posible que el gravamen impuesto pueda ser de tal tenor que permita defraudarla. Así que tratándose ese fideicomiso de un supuesto tan excepcional, parece lógico inclinarse por una interpretación restringida de la figura, la que cause el menor perjuicio posible a la posición de los colegitimarios gravados con la sustitución fideicomisaria, pero tampoco me atrevería a excluirla absolutamente, ya que el legislador no ha puesto limitaciones respecto del tipo de fideicomiso».

Por nuestra parte, igualmente entendemos que lo lógico hubiese sido que el legislador fijase la imposibilidad de constituir una sustitución fideicomisaria especial de residuo, pero al no hacerlo, y, en base al artículo 3.1 del C.c., llegamos a la conclusión de que, en la actualidad, en nuestro Ordenamiento jurídico no existe ningún impedimento para la constitución de este tipo de figura jurídica.

Los motivos que me hacen defender la posibilidad de que la sustitución fideicomisaria especial sea de la modalidad de residuo *si aliquid supererit* son los siguientes:

1.- Que la LPPD no modificó el artículo 783 en su párrafo final del C.c., que es el que permite la sustitución fideicomisaria de residuo cuando establece: *«el fiduciario estará obligado a entregar la herencia al fideicomisario, sin otras deducciones que las que correspondan por gastos legítimos, créditos y mejoras, salvo el caso en que el testador haya dispuesto otra cosa».*

De haber sido la intención del legislador de 2.003 la de prohibir la sustitución fideicomisaria especial de residuo, que reiteramos, es la modalidad de sustitución fideicomisaria más usada en nuestra práctica testamentaria por delante de la sustitución fideicomisaria ordinaria, hubiese agregado algo a la última frase del precepto citado, como, por ejemplo, podría ser: *«...salvo el caso en el que el testador haya dispuesto otra cosa, posibilidad ésta última de la que carece el testador en el supuesto recogido en el artículo 808.3»* (la negrita es nuestra).

Con esa frase que me he permitido poner como ejemplo, considero que no habría dudas en cuanto a la imposibilidad de establecer la sustitución fideicomisaria especial de residuo sobre el tercio de legítima estricta, pero tal vez el motivo de que el legislador haya dejado la redacción del referido artículo tal y como estaba antes de 2.003 es debido a que dicho artículo siguiera teniendo el mismo alcance, lo cual se traduce en posibilidad de establecer una sustitución fideicomisaria de residuo, de una u otra modalidad.

2.- La voluntad del testador, en nuestro Derecho Sucesorio, es ley, así que, de ser ésta su voluntad, de reflejarse así expresamente en su testamento, y teniendo en cuenta que no lo prohíbe el C.c., no se nos ocurre ningún argumento para oponernos a tal posibilidad.

3.- La Exposición de Motivos de la LPPD recoge en su apartado IV cómo se regula la administración del patrimonio protegido, que, como sabemos, es el objeto inmediato de la ley, y que tiene la misma finalidad, obviamente, que la sustitución fideicomisaria especial, que no es otra que la protección de las persona con discapacidad y de la persona incapacitada respectivamente.

Recoge el citado apartado IV de la Exposición de Motivos que «*en cuanto a la administración del patrimonio, y el término administración se emplea aquí en el sentido más amplio, comprensivo también de los actos de disposición, se parte de la regla general de que todos los bienes y derechos, cualquiera que sea su procedencia, se sujetan al régimen de administración establecido por el constituyente del patrimonio, el cual tiene plenas facultades para establecer las reglas de administración que considere oportunas (...)*».

Por ello, considero que al igual que en el patrimonio protegido, en la sustitución fideicomisaria especial la voluntad del legislador fue que dependiese exclusivamente del testador establecer las reglas de administración de los bienes a favor del fiduciario incapacitado, entre cuyas posibilidades se encuentra la de instituir una sustitución fideicomisaria especial de residuo *si aliquid supererit* sobre el tercio de legítima estricta.

4.- La posibilidad del testador de establecer una sustitución fideicomisaria especial de residuo no tiene por qué derivar en perjuicio de los fideicomisarios.

Los autores que se oponen a la posibilidad de establecer una institución especial de residuo parecen olvidar que no por el hecho de permitirse este tipo de sustitución fideicomisaria, el testador la constituirá siempre, sino que ha de contemplarse, al menos bajo mi punto de vista, como una posibilidad más a favor de éste, el cual, mejor que nadie conoce la situación económica y social de cada hijo o nieto, y el tipo de protección que necesita cada uno de ellos. Es decir, que al igual que ocurre en la ordinaria, también en la especial podrá darse el supuesto de que aun teniendo dicha facultad, finalmente el testador no apueste por su constitución, opción nada descabellada en el supuesto de la sustitución fideicomisaria especial dado que ello puede conllevar, incluso a la desheredación del resto de herederos forzosos, situación tal vez no deseada por el fideicomitente.

A esto debemos sumarle que, incluso aun permitiéndose la sustitución fideicomisaria de residuo especial, el testador podrá establecer la modalidad de *eo quod supererit* (en cuyo caso, nunca se producirá la desheredación de los legitimarios fideicomisarios) o *si aliquid superit,* modalidad esta última en la que también puede darse que el fiduciario no disponga de los bienes fideicomitidos por diferentes motivos (por ejemplo, porque no lo necesite, o por fallecer poco después de ser instituido fiduciario), con lo cual, finalmente, no se habría perjudicado en absoluto a los fideicomisarios legitimarios, desde el punto de vista de la intangibilidad cuantitativa de su legítima estricta.

Y es que, como conclusión, volvemos a dejar expuesto que permitiéndose la sustitución fideicomisaria especial de residuo:

1.- El testador no quedará obligado a su constitución, sino que dependerá exclusivamente de éste si la establece, o no la establece.

2.- No por el hecho de constituirse, la institución especial de residuo supone la disposición de los bienes fideicomitidos. Perfectamente puede darse el caso de que el fiduciario, en este caso, su tutor, con las restricciones que tiene a la hora de administrar el patrimonio del incapacitado, decida finalmente no disponer de los bienes fideicomitidos.

2.1.2. Motivos para apostar por su inconstitucionalidad: la protección constitucional de la legítima en Alemania

En Alemania entró en vigor el 1 de enero de 2.010 la Ley de modificación del Derecho de Sucesiones y de la Prescripción, de 24 de enero de 2004[19].

Desde el punto de vista sucesorio se trata de una reforma mucho menor a la que se planteó inicialmente, afectando los cambios esenciales a la regulación de la legítima y a las causas de desheredación.

En el debate sobre la legítima en Alemania fue decisiva la Sentencia del Tribunal Constitucional (BVerfGE) de 19 de abril de 2.005[20], en la que se declara protegida constitucionalmente la legítima (Pflichtteilsrecht), disipando las dudas existentes al respecto con anterioridad a dicho pronunciamiento judicial.

Según el BVerfGE en dicha sentencia, la legítima de los descendientes es un valor protegido constitucionalmente del que éstos no pueden verse privados y cuya percepción no puede hacerse depender de una previa situación de necesidad. Es decir, que el núcleo de la Sentencia fue la protección constitucional de la legítima de los descendientes, a los cuales se les garantiza una participación tangible en la herencia con independencia de sus necesidades, y esta protección se basa en la garantía del derecho a la herencia del artículo 14 en conexión con el artículo 6.1 de la Ley Fundamental.

Y es que, como afirma GALVÁN GALLEGOS[21], el arraigo de tal institución en la conciencia jurídica de la sociedad, y la resolución del Tribunal Constitucional alemán proclamando la constitucionalidad de la legítima de los hijos como límite de la libertad de testar a favor de la protección de la familia, han hecho que la reforma operada por la Ley de 24 de septiembre de 2.009 no haya sido una reforma profunda, de calado, sino que se ha limitado a tocar aspectos muy puntuales con el fin de adaptarlos y aclararlos a la luz de los casos que habían sido resueltos por los Tribunales.

Considera el Tribunal Constitucional germano que no hay mandato constitucional por el que el causante deba conceder un trato igualitario a sus descendientes, pero al mismo tiempo, establece que la misma garantía, protección y rango constitucional del art. 14 (derecho a la propiedad privada) merece la participación mínima de los hijos en la herencia mediante la regulación vigen-

---

19 BGBI.I, 3142-3144.

20 Neue Juristische Wochenschrift, 2005/32, pág. 1.561.

21 GALVÁN GALLEGOS (2.016), «La legítima en Alemania», en *Actualidad Civil,* Núm. 12, pág. 2.

te de la legítima. Afirma que este es un elemento nuclear tradicional del derecho de sucesiones alemán, igual como la libertad de testar, y que esta participación mínima en la herencia es independiente de toda situación de necesidad del legitimario.

Según el Tribunal Constitucional alemán, la institución de la legítima tiene una larga tradición histórica y lo mismo ocurre en los restantes países europeos de tradición romanística. Estima que las legítimas están vinculadas con la protección constitucional de la relaciones entre padres e hijos (art. 6.1 Constitución alemana), invocando como fundamento de la institución legitimaria la solidaridad familiar entre generaciones y, tras aseverar que el derecho a la legítima, como el derecho de alimentos, aparece vinculado a las relaciones familiares entre el causante y su descendencia, concluye que la libertad de testar del causante está sujeta constitucionalmente a las relaciones que el derecho de familia funda con la descendencia, lo que concede legitimación a los hijos con derecho a la legítima a asegurarse una participación económica en la herencia del progenitor difunto.

Para TORRES GARCÍA y GARCÍA RUBIO[22] mediante este sentencia el *BVerG* considera la parte reservada a los hijos como manifestación de la garantía del artículo 14 GG (propiedad y herencia) que tiene un elemento que transciende a las generaciones; el tribunal da gran importancia al elemento histórico en la configuración de la institución, considerando que además la «*Pflichtteil*» es expresión de la solidaridad familiar fundada en el 6 GG, el cual garantiza que la relación entre el testador y sus hijos es como una comunidad de vida, con el derecho y la obligación de responsabilizarse unos de otros. Por todo ello el *BVerG* declara constitucional la regulación de la legítima contenida en el BGB e inconstitucional su hipotética supresión.

En definitiva, podemos afirmar que en Alemania la legítima no pierde vigencia a pesar de la evolución en las estructuras familiares (incremento de parejas no casadas y de hijos no matrimoniales, o con hijos procedentes de un matrimonio anterior, etc.) así como del aumento de la esperanza de vida, y todo ello porque frente a ello priman los principios de solidaridad familiar y de protección de la familia.

Por ello, resulta claro que la sustitución fideicomisaria especial introducida en España en 2.003 como medio de protección patrimonial de los hijos o descendientes del testador incapacitados judicialmente sería considerada una figura jurídica inconstitucional en Alemania, ya que mediante esta institución se permite al testador con hijos o descendientes judicialmente incapacitados suprimir la legítima de algunos de sus descendientes.

---

22 TORRES GARCÍA, T. y GACRÍA RUBIO, Mª P. (2.014). *La libertad de testar: El principio de igualdad, la dignidad de la persona y el libre desarrollo de la personalidad en el derecho de sucesiones*, Fundación Coloquio Jurídico Europeo, Madrid, págs. 137 y 138.

Sin embargo, para VAQUER ALOY[23] los razonamientos jurídicos de la sentencia dictan de ser convincentes, ya que los argumentos principales, la tradición de la legítima y su existencia en el derecho comparado europeo, son una constatación, pero no un argumento serio, pues presupone sin mayor esfuerzo argumental que el contexto histórico y social de finales del siglo XIX que determinó una opción de regulación de las legítimas sigue siendo válido en la actualidad.

Lo que parece indiscutible, tal y como afirma ARROYO I AMAYUELAS[24], es que el legislador alemán ha mantenido el equilibrio entre la necesidad de adecuar el valor de la legítima a la realidad social y la obligatoriedad de observar el mandato contenido en la Sentencia del Tribunal Constitucional de 19 de abril de 2.005.

Llegados este punto, considero interesante exponer que también en España existe la polémica en cuanto a si conviene o no mantener la legítima, transformarla o incluso eliminarla. Huelga decir que la sociedad actual nada tiene que ver con la que existía en 1.889, año en el que se promulgó el C.c. fijando éste la legítima de los hijos y descendientes en dos tercios de la herencia del causante, lo cual supone actualmente una proporción desmesurada.

Y es que, en el siglo XXI, el panorama es bien diferente al que existía en 1.889. Han cambiado las familias, la edad con la que se mueren las personas, la naturaleza de los patrimonios, se ha pasado de una sociedad preindustrial a una industrial, y, más adelante, a una postindustrial. Hay una decadencia absoluta de la familia extensa siendo masivamente sustituida por la familia nuclear, e, incluso, por otras formas de convivencia entre las personas, apareciendo multitud de modelos familiares posibles. Surge así la familia *asociación,* en palabras de Rousell, que se concibe como una simple y pura cohabitación, la separación es un trauma ligero porque la relación no se concibe como eterna sino como una convergencia de intereses y desaparece el aspecto institucional de la familia[25].

Concretamente este distanciamiento tanto físico como afectivo que termina en soledad y abandono de los padres en muchos casos, es uno de los motivos por los que en nuestro Ordenamiento jurídico existe, desde hace muchos años, una sólida corriente doctrinal que coincide en la necesidad de reformar nuestro sistema de legítimas, y más aún si tenemos en cuenta que nos encontramos en una sociedad en la que la expectativa de vida es muy alta, lo que supone que los hijos o descendientes sobreviven muchos años a sus ascendientes y les heredan en una etapa bastante avanzada de madurez, lo cual supone que han podido incluso haber recibido en vida su legítima en vida, en forma de educación, alimentos, etc.

---

23 VAQUER ALOY, A. (2.007), «Reflexiones sobre una eventual reforma de la legítima», *Indret,* núm. 3, pág. 13.

24 ARROYO I AMAYUELAS, *Op. cit,* pág. 5.

25 GOMÁ LANZÓN (2.005), *Los derechos de cónyuge viudo,* Instituciones de Derecho Privado, Tomo V, Sucesiones, Volumen 3°, Editorial Thomson Cívitas, pág. 919.

O dicho de otra forma, ¿qué heredero no ha recibido de sus padres (mientras éstos vivían) inversiones muy equiparables al pago de la legítima, como, por ejemplo, puede ser la suma de la inversión en educación durante toda la vida, más el pago de alimentos no debidos? ¿Por qué los padres que hayan afrontado estos pagos en vida, tendrán también que dejar por fuerza dos terceras partes de su haber hereditario a favor de sus hijos? Por ejemplo, si el padre solo tuviese un hijo sin descendencia y no se hablasen desde hace muchos años, ¿es justo que el testador quede obligado a dejarle al hijo las dos terceras partes de su herencia aun no siendo ésta su voluntad?

Por todo ello, considero nuestro sistema legitimario anacrónico e incongruente con la realidad social de nuestros días, y me posiciono en contra de la falta de libertad de disposición a la que somete el legislador común al testador sobre dos terceras partes de su herencia (siempre que tenga, al menos, un descendiente), porque hoy las legítimas de los hijos se pagan en vida, concretamente en alimentos y educación.

Sin embargo, en mi opinión, exigir la absoluta libertad de testar por la que abogan muchos autores es pasar de un extremo a otro, es decir, pasar de un sistema legitimario de Derecho Común de notable rigidez y que deja poca capacidad de maniobra al causante como el que tenemos en la actualidad, a otro en el que se le otorgan al testador libertad de poderes.

Pero, ¿será ésta la solución ideal? Bajo mi punto de vista, no, ya que entre ambos extremos, el de mantener la legítima tal y como existe, o su erradicación total, existe toda una gama de soluciones intermedias, de mayor o menor espíritu reformista, las cuales son acorde por lo expuesto por el Tribunal Constitucional alemán en el sentido de no permitir la erradicación total de la legítima dado su carácter constitucional.

Son varios los motivos que me hacen discrepar de la opinión de aquellos que consideran obligatoria la necesidad de erradicar totalmente el actual sistema legitimario para sustituirlo por otro en el que exista libertad de testar absoluta a favor del causante:

1º.- En primer lugar, porque tal y como ocurre en Alemania, en España existen artículos de nuestra Constitución que invitan a pensar en la imposibilidad de erradicar totalmente la legítima. Me refiero concretamente al artículo 33, cuando expone que todos los españoles tienen derecho a la herencia, y al artículo 39, que establece que los padres deberán proteger de todos sus hijos tal y como le exige la ley.

Por ejemplo, con anterioridad a la referida sentencia alemana, LÓPEZ Y LÓPEZ[26] ya otorgaba garantía institucional a la legítima española al afirmar

[26] LÓPEZ Y LÓPEZ, A. (2.002), «El derecho a la propiedad privada y a la herencia. Función y límites», en *Comentario a la Constitución socio-económica de España*, MORENO PÉREZ, MOLINA NAVARRETE Y MORENO VIDA (directores), Editorial Comares, Granada, págs. 279 y ss.

que «*articulada la protección de la herencia como un apéndice de la propiedad, le son aplicables prácticamente todas las soluciones previstas para ella a los problemas de su protección constitucional. (...) La garantía institucional de la herencia lo que expresa de una manera primaria es la preservación de un ámbito de poder del individuo sobre sus bienes, más allá de su muerte, lo que por pura lógica, no es otra cosa sino un círculo de disposición de bienes contemplatione mortis. En el anterior sentido se puede decir que el artículo 33.1 CE garantiza la herencia como institución, significando ello su contemplación no desde la perspectiva de las facultades individuales de los causantes, sino desde la del complejo conjunto de normas ordinarias que se ocupan del derecho a suceder con motivo de la muerte de una persona. Como tal garantía institucional está dirigida principalmente al legislador, el cual puede regular el Derecho Sucesorio contenido en las normas civiles de acuerdo con los principios esenciales del Ordenamiento y las estructuras constitucionales fundamentales*».

El mismo autor[27] en otras de sus obras, siempre en la misma línea, manifiesta que «*debemos ocuparnos a continuación del enlace de la garantía de la herencia con la de la familia. El Derecho Sucesorio ha sido históricamente un Derecho de tradición familiar. (...) A nuestro modo de ver, y atendiendo, como siempre a lo que hemos dado en denominar el <<rostro histórico>> del Derecho Sucesorio, y muy concretamente el de nuestro país, parece que la vinculación familiar del patrimonio hereditario incluye las siguientes cosas: (...) b) Necesidad de que ciertos parientes, caso de existir, perciban una parte de la herencia, aunque el causante no haya dispuesto tal percepción en caso de testar (sería lo que en nuestra terminología llamamos legítima)*».

Por todo ello, llegamos a la conclusión de que cuando LÓPEZ Y LÓPEZ[28] otorga a la legítima de nuestro Ordenamiento jurídico, la condición de garantía institucional, al mismo tiempo le está considerando merecedora de la misma protección que los derechos constitucionales, ya que el autor entiende que «*los problemas de la dicotomía <<garantía institucional>> <<derecho fundamental>> son, en buena medida, idénticos a los de otra dicotomía que se enuncie <<garantía institucional>> <<derecho subjetivo constitucionalmente protegido>>. (...) Empero, ello no significa que la protección en las garantías institucionales tenga menor intensidad que en los derechos constitucionalmente tutelados: sencillamente se opera con otras técnicas, en función de su diverso sentido*».

2º.- Desde un punto de vista histórico, en Roma la libertad de testar precedió a la institución de la legítima. Pero, entonces, ¿por qué no se mantuvo la libertad de testar hasta nuestros días, como por ejemplo, sí sucedió con la sustitución fideicomisaria? Pues por la iniquidad de algunos padres que en su testamento (*inofficiosum*) no cumplían sus deberes para con sus hijos. De ahí que se acudiese a la legítima como un remedio (*officium pietatis*) con ciertas injusticias familiares.

---

[27] LÓPEZ Y LÓPEZ, A. (1.994), «La garantía institucional de la herencia», en *Derecho Privado y Constitución*, núm. 3, pág. 54.

[28] LÓPEZ Y LÓPEZ, «El derecho...», cit., págs. 265 y 257.

3º.- También en países del *Common Law* ha sido necesario introducir correcciones a la libertad de testar a favor de los más allegados al testador. Es decir, primero, la libertad de testar y después, para corregirla, la legítima o las disposiciones de la *Family Provision Act*[29]

4º.- En Europa, el debate científico acerca de la «libertad de testar» se viene planteando en los últimos años, llegándose a traducir en algunos Estados en consiguientes reformas.

Cada vez son más las sucesiones en las que existe algún elemento de internacionalidad, y más que se irán conociendo en los próximos años, debido a que las familias formadas por personas de diferentes países son hoy en día una realidad (a ello contribuye la emigración laboral, el fomento de los estudios en el extranjero, etc...).

Sin embargo, y pese al debate todavía no cerrado, sobre la figura, sobre su protección constitucional, sobre la necesidad o no de su reducción, o, incluso, según algunos, su total supresión, lo cierto es que en aquellos Estados en los que existe un sistema de legítimas no ha habido cambios esenciales o radicales.

5º.- Otro de los motivos por los que me opongo a la sustitución de la legítima por una plena libertad de testar del causante es el hecho de que ninguno de los legisladores forales así lo haya decidido, sino que todos optaron, en su día, por una reducción del alcance de la legítima y una mayor libertad de testar de las personas, pero sin llegar a suprimir por completo el sistema legitimario.

6º.- Y el último de los motivos que traigo a colación es la opinión de nuestro Tribunal Supremo al respecto, cuando, por ejemplo, en la Sentencia de 8 de octubre de 2.010 establece que *«se podrá discutir la conveniencia de mantener la legítima en el tiempo actual pero mientras se recoja en el Código civil no pueden los padres ignorar la existencia de la hija legitimaria»*.

Concluyo este epígrafe resaltando que, en mi opinión, resulta conveniente modificar el actual sistema legitimario reduciendo sensiblemente el *quantum* que, hoy en día, tan fuertemente limita la libertad de testar del causante, pero sin suprimir, como ocurre en Alemania, la legítima en su totalidad. Es decir, que a diferencia de algunos autores que abogan por la erradicación por completo de nuestro actual sistema de legítimas, nosotros consideramos que lo conveniente sería una reforma del mismo en la línea de conceder una mayor libertad de testar, con la siguiente reducción del porcentaje que compone la legítima. Para ello se me ocurre el ejemplo de convertir el tercio de mejora en otro tercio libre disposición, pasando, por tanto, el testador español a poder disponer libremente de dos terceras partes de su herencia, y la otra parte seguiría siendo el tercio de legítima estricta. O reduciendo aún más la legítima,

[29] MIQUEL GONZÁLEZ DE AUDICANA, *Op. cit.*, pág. 986.

en el ejemplo que acabamos de exponer, podría convertirse el tercio de legítima no solo en legítima estricta, sino mitad del tercio en mejora y mitad de legítima estricta, lo cual supondría que 1/6 parte de la herencia fuese para todos los legitimarios por igual, y sobre otra 1/6 parte el testador pudiese decidir a qué hijo o descendiente beneficia con ella, quedando las restantes 4/6 partes de la herencia de libre disposición.

Con estos ejemplos, la sucesión forzosa quedaría reducida pero no suprimida, ampliándose, de forma considerable, la libertad dispositiva del causante.

2.1.3. Motivos a favor de su constitucionalidad: la constitucionalidad de la sustitución fideicomisaria italiana como medio de protección de las personas tuteladas

Por lo expuesto hasta el momento, podemos afirmar que debido a la regulación dada por el legislador a la LPPD, a través de la sustitución fideicomisaria especial el testador español que tenga hijos o descendientes incapacitados judicialmente podrá, en beneficio de éstos, llegar incluso a desheredar al resto de herederos forzosos[30]; y que en Alemania esta institución tendría sin ninguna duda el carácter de inconstitucional, ya que choca frontalmente con el contenido de la sentencia de su Tribunal Constitucional de 19 de abril de 2.005, cuando afirma que la legítima de los descendientes es un valor protegido constitucionalmente.

Pero, ¿y en España? ¿Podrá declararse inconstitucional la sustitución fideicomisaria especial a través de la cual puede vulnerarse la legítima estricta de algunos herederos forzosos?

Para responder a esta pregunta vamos a estudiar el supuesto italiano, donde tras la creación de la sustitución fideicomisaria asistencial como medio de protección de las personas incapacitadas (aunque solo de los tutelados, no de los curatelados) también se cuestionó en un principio su constitucionalidad por vulnerar la legítima de algunos herederos forzosos.

Eso sí, hemos de dejar expuesto desde el principio que a diferencia de lo que ocurre con la sustitución fideicomisaria especial española, donde la legítima gravada es la del resto de herederos forzosos, en Italia la legítima que

---

30 Imaginemos el caso en el que el testador instituye fiduciario sobre el tercio de legítima estricta a su nieto incapacitado, al que al mismo tiempo le deja el tercio de libre disposición y el de mejora. En tal supuesto, los herederos legitimarios del causante deberán esperar a que fallezca el incapacitado fiduciario para poder disfrutar de su tercio de legítima estricta, pero debido a la diferencia de edad, los fideicomisarios premueren al fiduciario. En tal supuesto, aunque los fideicomisarios serán sustituidos en su cuota de legítima estricta por sus herederos, lo cierto es que ellos en vida se habrán visto privados de su legítima estricta.
Otro ejemplo sería el supuesto en el que el testador establece una sustitución fideicomisaria especial de residuo *si aliquid supererit,* y el tutor del fiduciario incapacitado decide disponer de todos los bienes fideicomitidos para proteger al incapacitado. En este caso, igualmente el resto de herederos legitimarios quedarían privados de su legítima estricta.

queda gravada mediante la sustitución fideicomisaria es precisamente la del propio incapacitado tutelado o la de sus posibles herederos, tal y como expondremos a continuación.

La sustitución fideicomisaria en Italia como medio de protección de las personas incapacitadas fue introducida en el Ordenamiento jurídico italiano a raíz de una reforma introducida en el Derecho de Familia, por la Ley de 19 de mayo de 1.975, Nº 151[31].

Recoge el artículo 692 del C.c. italiano en su primer párrafo que: «*Cualquiera de los padres o de los otros ascendientes en línea recta o el cónyuge del tutelado pueden instituir respectivamente al hijo, al descendiente, o al cónyuge con la obligación de conservar y restituir a su muerte los bienes que constituyen la legítima, a favor de la persona o de los entes que, bajo la vigilancia del tutor, hayan cuidado del propio tutelado*».

Pero igualmente, al quedar gravada la legítima del tutelado (y, por ende, la de sus herederos forzosos) se produce la vulneración del principio de intangibilidad de la legítima del Ordenamiento jurídico italiano, recogida en el artículo 549 del C.c. italiano[32].

Esta vulneración del principio de intangibilidad de la legítima supuso el planteamiento de la legitimidad constitucional de la sustitución fideicomisaria, ya que, como recoge TALAMANCA[33], gran referente en el estudio de la figura en Italia, «*el testador, comprendiendo la legítima expectante al mismo incapacitado, podrá privar a los descendientes, legítimos o naturales, de este último de su propia legítima*».

Efectivamente, en Italia se planteó tras la entrada en vigor de la sustitución fideicomisaria asistencial, que la nueva regla sería constitucionalmente ilegítima por vulnerar en particular el artículo 3 de la Constitución italiana (igualdad ante la ley), porque la norma iría en perjuicio de la propia posición del tutelado, el cual vería gravada su legítima por el vínculo fideicomisario, o lo que es lo mismo, que el tutelado tendría una capacidad de suceder diversa y limitada respecto a la de los otros ciudadanos o familiares no tutelados.

Efectivamente, parte de la doctrina ha denunciado la inconstitucionalidad de la sustitución fideicomisaria por vulneración del artículo 29.1º de la Constitución italiana, que reconoce y protege los derechos de la familia, pero, sobre todo, por vulneración del principio de igualdad que recoge el artículo 3 de la Constitución, a causa de la limitada capacidad de suceder reconocida al incapacitado tutelado y de sus futuros legitimarios.

---

[31] Ley 19 de mayo de 1.975, N. 151, de reforma del Derecho de Familia.

[32] Articolo 549 CC: Divieto di pesi o condizioni sulla quota dei legittimari. «Il testatore non può imporre pesi o condizioni sulla quota spettante ai legittimari salva l'applicazione delle norme contenute nel titolo IV di questo libro».

[33] TALAMANCA, M. (1978), «Articolo 692», en *Commentario del Codice Civile,* a cura di SCIALOJA E BRANCA, Libro Secondo, Delle Successione, Nicola Zanichelli Editore, Soc. Ed. del Foro Italiano Roma, Bologna-Roma, pág. 345.

Dentro de esta corriente doctrinal, destacan, por ejemplo, los autores FINOCCHIARO A. y FINOCCHIARO M.[34], cuando manifiestan que «*por nuestra parte, se mantiene la inconstitucionalidad de la figura en la parte en la que se consiente que la sustitución fideicomisaria pueda englobar también los bienes que constituyen la legítima*»; y también DE CUPIS[35], que considera que «*la previsión legislativa sería una clara violación del principio de la intangibilidad de la cuota de reserva del tutelado*».

Sin embargo, la corriente dominante considera que el legislador italiano gozaba de legitimidad para acabar con el principio de la intangibilidad de la legítima en favor del incapacitado, y que la sustitución fideicomisaria no puede entenderse inconstitucional bajo ningún concepto, principalmente, por tres motivos:

a) Porque la norma en su tenor literal, en el artículo 692 en concreto, dice lo que dice, sin que puedan existir posibles interpretaciones al respecto.

b) Por la finalidad de la institución reformada, que no era otra que la protección y asistencia de los incapacitados.

c) El poder que el artículo 42 de la Constitución reconoce al legislador italiano para regular los límites de la sucesión legítima y testamentaria, pudiendo, por tanto, alterar los límites al principio de la legítima, cuando expone que «*la ley establece las normas y los límites de la sucesión legítima y testamentaria y los Derechos del Estado sobre las herencias*».

Destacan, en este sentido, autores como VANNI[36], cuando expone que «*la excepcionalidad de la institución, sin embargo, justifica la derogación del susodicho principio fundamental de Derecho sucesorio que reserva siempre y de todas formas a los legitimarios una cuota de la herencia, ya que en este caso, siendo objetivo de la institución el de incentivar al máximo el cuidado del incapacitado, es evidente que mayor es el patrimonio que puede ser atribuido a favor de los entes o de las personas que hayan cuidado del incapacitado, y más elevado será el interés de estos últimos por hacerse cargo del compromiso*».

También TAMBURRINO[37], expresa que «*la norma ha preocupado a los comentaristas de la novela que han visto una violación del principio fundamental de la intangibilidad de la legítima y de los intereses de los legitimarios incluido el mismo incapacitado, hasta incluso llegar a dudar de su constitucionalidad al compararlo, o*

---

34 FINOCCHIARO A. y FINOCCHIARO M. (1.984), *Diritto di famiglia*, Commento sistematico della legge 19 maggio 1.975, N. 151, Volume Secondo, Giuffrè, Milano, pág. 2.395.

35 DE CUPIS, A. (1.975): «Postilla sul nuovo Diritto di famiglia», en *Rivista di Diritto civile*, Tomo I, pág. 130.

36 VANNI (1.995), «La sostituzione fedecommissaria. La trasformazione attuata dalla riforma del diritto di famiglia e l'indifferente disciplina del nuovo testo único delle imposte sulle successioni», en *Il fisco*, 19, giugno 1.995, pág. 6.285.

37 TAMBURRINO, G. (1.978), *Lineamenti del nuovo Diritto di famiglia italiano*, Seconda Edizione, Unione Tipografico-Editrice Torinese, Torino, pág. 424.

bien con el artículo 29,1º de la Constitución, o con el artículo 3 de la Constitución. No creemos oportuno seguir esa tesis y esto sobre la nueva base de la sustitución fideicomisaria, la cual no se relaciona más con la familia y su tutela, sino al cuidado del incapacitado para cuyo cuidado el legislador ha admitido que pueda destinarse también la legítima, en el sentido que pueden entrar también en la sustitución los bienes que forman parte de la legítima cuando el testador disponga que estos sirvan también para compensar las personas o los entes indicados por la tutela prestada la incapacitado».

Mientras que GENGHINI y CARBONE[38] indican que «*algunos autores han criticado la elección del legislador, entendiéndola contraria al principio de igualdad que reconoce el artículo 3 de la Constitución: el instituido, en cuanto tutelado, asumiría una limitación de la legítima que otros instituidos no asumirían; se produciría un tratamiento dispar que dañaría a los futuros legitimarios de este. En realidad, se obvia, no está dirigida a crear un perjuicio al incapacitado, sino una ventaja, asegurándole la asistencia*».

Por último, PUTTI[39] considera que «*el Ordenamiento consentiría esta derogación de los principios generales en materia sucesoria por dos motivos: de un lado por la excepcionalidad de las hipótesis normativas de la sustitución fideicomisaria (en consideración de la finalidad que ha inspirado al legislador) y del otro, en virtud del poder reconocido al legislador ordinario de regular los límites de la sucesión legítima y testamentaria (art. 42 Constitución)*».

En mi opinión, hoy en día existe otro motivo por el que únicamente se puede apostar por la constitucionalidad de la sustitución fideicomisaria italiana: el paso del tiempo.

Y es que, esta institución como medio de protección y asistencia de las personas tuteladas perdura desde hace más de 40 años en el Ordenamiento jurídico italiano, ¿cómo considerarla entonces inconstitucional?

Hoy en día es un hecho que en España cualquier testador con hijos o descendientes incapacitados judicialmente podrá instituir a favor de estos una sustitución fideicomisaria especial de residuo sobre todo el tercio de legítima estricta, lo cual hace más que probable que el resto de herederos forzosos se vean privados de su legítima estricta.

Por ello, considero que tarde o temprano nuestros Tribunales tendrán que decidir si la sustitución fideicomisaria especial introducida por el legislador español en 2.003 mediante la LPPD es inconstitucional, y por ello deberá ser erradicada de nuestro Ordenamiento jurídico, o, por el contrario, se decantan por mantenerla como una medida especial-excepcional de protección de las personas incapacitadas, tal y como ocurre en Italia desde 1.975.

---

38 GENGHINI, I. y CARBONE, C. (2.012), *Le successioni per causa di norte,* Tomo II, Casa Editrice Dott. Antonio Milani, pág. 1.267.

39 PUTTI, M. (1.990), «La sostituzione fedecommissaria prima e dopo la reforma del Diritto di famiglia», en *La nuova giurisprudenza civile commentata,* Anno VI, Parte Seconda, pág. 426.

En mi opinión, existen varios motivos que me hacen apostar por su constitucionalidad aun teniendo el alcance que tiene, y todo ello en base a los siguientes argumentos:

1º.- La enorme similitud del problema constitucional de la institución con lo ocurrido en Italia en 1975.

Como expusimos con anterioridad, la sustitución fideicomisaria asistencial italiana de 1.975 también comenzó a considerarse inconstitucional tras su implementación en el C.c. italiano, dado que a través de ésta se vulnera la legítima del propio incapacitado que sido protegido a través de la figura, así como la legítima de sus posibles herederos. Sin embargo, a día de hoy nadie duda de su constitucionalidad dado que sigue vigente.

En Italia, la doctrina que denunciaba la inconstitucionalidad de la sustitución fideicomisaria lo hacía por la posible vulneración del artículo 29.1º de la Constitución italiana, que reconoce y protege los derechos de la familia, y, sobre todo, por vulneración del principio de igualdad que recoge el artículo 3 de la Constitución, a causa de la limitada capacidad de suceder reconocida al incapacitado tutelado y de sus futuros legitimarios.

En España los motivos por los que alegar la inconstitucionalidad de la sustitución fideicomisaria serían también precisamente la violación de dos artículos de nuestra Constitución, concretamente del artículo 33.1 que «*reconoce el derecho a la propiedad privada y a la herencia*»; y del artículo 39.3 de la CE que expone que «*los padres deben prestar asistencia de todo orden a los hijos habidos dentro o fuera del matrimonio, durante su minoría de edad y en los demás casos en que legalmente proceda*».

Es decir, que es precisamente la legítima, el instrumento elegido en nuestro Ordenamiento jurídico para conciliar el derecho a la herencia (artículo 33.1 CE) con el derecho a la protección de la familia (artículo 39 CE).

Lo primero que se ha de tener en cuenta es la ubicación del artículo 33.1 en el texto constitucional. Si bien la propiedad privada y la herencia se incluyen en el Capítulo Segundo del Título Primero, referente a los derechos y libertades, no se integra en los derechos fundamentales y libertades públicas de la Sección 1ª, sino que se sitúa entre los «derechos y deberes de los ciudadanos» de la Sección 2ª. O lo que es lo mismo, que no se halla entre los derechos fundamentales, por lo que no goza de las garantías otorgadas a los derechos y libertades del artículo 14, y de la Sección 1ª del Capítulo Segundo del Título Primero.

Por ello, considero que a la legítima no ha de otorgársele el carácter de constitucional, ya que de ser así debería, por ejemplo, considerarse inconstitucional lo que ocurre en el valle de Ayala en Ávila, donde rige la libertad absoluta de testar para el testador, reflejando el artículo 89.1 de la Ley 5/ 2.015, de 25 de junio, de Derecho Civil Vasco que «*los que ostenten la vecindad civil local ayalesa pueden disponer libremente de sus bienes como quisieren y por bien tuvieren por testamento, donación o pacto sucesorio, a título universal o singular, apartando a sus legitimarios con poco o mucho»*.

E igualmente coincide la situación española con la italiana en el sentido de que la doctrina italiana que apostaba por la constitucionalidad de la sustitución fideicomisaria asistencial lo hacía basándose en otro artículo de la Constitución italiana, concretamente el artículo 42 que reconoce al legislador italiano la capacidad para regular los límites de la sucesión legítima y testamentaria, pudiendo, por tanto, alterar los límites al principio de la legítima.

Por nuestra parte, en España podemos identificar un artículo de nuestra Constitución casi con la misma finalidad, como es el Expone el artículo 49, cuando expone que «*los poderes públicos realizarán una política de previsión, tratamiento, rehabilitación e integración de los disminuidos físicos, sensoriales y psíquicos, a los que prestarán la atención especializada que requieran y los ampararán especialmente para el disfrute de los derechos que este Título otorga a todos los ciudadanos*».

Es decir, que el artículo 49 de la CE obliga a los Poderes Públicos a «amparar especialmente» a las personas con discapacidad[40] para el disfrute de los derechos que el Título I de la CE otorga a todos los ciudadanos, derechos entre los cuales se incluyen el de la herencia y la protección familiar antes estudiado.

Por ello, llego a la conclusión de que el legislador español de 2.003, tal vez amparándose en el contenido del artículo 49 de la CE, introdujo la sustitución fideicomisaria como una medida especial-excepcional de protección de las personas incapacitadas judicialmente, tal y como lo hizo el legislador italiano con su sustitución fideicomisaria asistencial en 1.975 a través del artículo 42 de su Constitución, o la reforma operada en Luisiana en 1.996 que limitó la mencionada legítima a favor de los descendientes para favorecer a los hijos menores de veinticuatro años, a los discapacitados de forma permanente o a los que probablemente estarían discapacitados en el futuro debido a una enfermedad hereditaria e incurable.

2º.- Otro motivo que me hace apostar por la constitucionalidad de la institución especial es el hecho de que así lo permita literalmente nuestro Código civil a través de sus artículos 782, 808.3 y 813.

3º.- O, que sea una institución con una finalidad excepcional, como es la protección jurídica y patrimonial de las personas incapacitadas judicialmente.

En este mismo sentido exponen TORRES GARCÍA y GARCÍA RUBIO[41] que aunque en las recientes reformas del Derecho sucesorio europeo los hijos y descendientes continúan siendo legitimarios en todo caso, no resulta extemporáneo plantear, en el camino de minoración de la legítima, si tiene sentido

---

[40] Por lógica toda persona que sufra una enfermedad de tal envergadura como para ser incapacitada obtendría el reconocimiento de discapacidad si lo intentase.

[41] TORRES GARCÍA y GARCÍA RUBIO, *La libertad de testar*, cit., págs. 153 y 154.

mantener que esto ha de ser así en cualquier caso, o si es preferible una limitación a aquellos supuestos en los que los hijos o nietos se hallen en especial situación de necesidad o vulnerabilidad.

4º.- Por último, la perduración de la institución en nuestro Ordenamiento a lo largo del tiempo también hace que me decante por su constitucionalidad, ya que la sustitución fideicomisaria estudiada forma parte a todos los efectos de nuestro sistema jurídico desde hace más de 13 años.

2.2. La importantísima modificación de la sustitución fideicomisaria especial que propone el Proyecto de Ley de 17 de julio de 2.020

Parece que la regulación de la sustitución fideicomisaria como medio de protección patrimonial de las personas incapacitadas judicialmente sufrirá una importante reforma en el Proyecto de Ley de 17 de julio de 2.020 por la que se reforma la legislación civil y procesal para el apoyo a las personas con discapacidad en el ejercicio de su capacidad jurídica, si bien el contenido de la misma excede del estudio de la presente monografía, aunque considero de gran importancia resaltar que en la nueva redacción de los artículos 782, 808 y 813 que propone el referido Proyecto de Ley, ya desaparecen los descendientes como posibles beneficiarios de la institución, ya que solo se limita a los hijos como posibles beneficiarios, y se sustituye el término persona incapacitada por el de persona que se encuentre en una situación de discapacidad psíquica, física o sensorial.

2.2.1. Diferencias entre el actual artículo 782 del Código civil y la nueva redacción propuesta por el Proyecto para dicho artículo

Recoge actualmente el Código civil español en su artículo 782 que:

«Las sustituciones fideicomisarias nunca podrán gravar la legítima, salvo que graven la legítima estricta en beneficio de un hijo o descendiente judicialmente incapacitado en los términos establecidos en el artículo 808. Si recayeren sobre el tercio destinado a la mejora, solo podrán hacerse en favor de los descendientes».

Por su parte, el apartado 38 del artículo primero del Proyecto expone que:

«El artículo 782 se redacta conforme se indica a continuación:

Las sustituciones fideicomisarias nunca podrán gravar la legítima, salvo cuando se establezcan en beneficio de un hijo del testador que se encuentre en una situación de discapacidad psíquica, física o sensorial que le impida desenvolverse de forma autónoma. No obstante, esta sustitución sobre la legítima estricta no será eficaz o se extinguirá si el fideicomisario tuviese, a su vez, hijos en esa misma situación.

Si la sustitución fideicomisaria recayere sobre el tercio destinado a mejora, solo podrá establecerse a favor de los descendientes».

La primera de las diferencias que se observan entre una y otra redacción es que actualmente pueden beneficiarse de la institución los nietos y demás descendientes (siempre con su capacidad modificada judicialmente) del testador, mientras que a partir de la entrada en vigor del Proyecto de Ley por la que se reforma la legislación en materia de discapacidad únicamente podrían beneficiarse de la sustitución fideicomisaria especial sus hijos[42], quedando por ello excluido los demás descendientes como posibles beneficiarios, y disipándose con ello la duda existente en la actualidad en nuestra doctrina respecto a si los descendientes con su capacidad modificada judicialmente del testador deben ostentar, o no, la condición de legitimarios para poder ser instituidos fiduciarios, o dicho de otra forma, si podrá el testador atribuir el tercio de legítima estricta a favor de su nieto con su capacidad modificada judicialmente cuando éste no sea legitimario por vivir su padre.

Es decir, que se acaban con las actuales dudas que existen en nuestra doctrina dada la redacción actual del Código civil, ya que existen autores[43] que defienden que el fiduciario ha de ser, necesariamente, un descendiente legitimario para poder ser establecido como fiduciario sobre la legítima estricta, mientras que otros[44] consideran que los descendientes con su capacidad modificada judicialmente podrán ser siempre nombrados fiduciarios por el testador, sean o no legitimarios.

Eso sí, si bien es cierto que con la redacción propuesta por la Comisión desaparecería el interrogante que existe hoy en día en nuestra doctrina respecto a si los descendientes han de ser o no legitimarios para ser instituidos como beneficiarios de la sustitución fideicomisaria dado que ya solo podrán ser los hijos y nunca los descendientes, también es cierto que con el nuevo contenido del artículo 782 se les estaría privando a los ascendientes españoles de una posibilidad que hoy en día sí tienen, como es la posibilidad de proteger lo máximo posible a su nieto con capacidad modificada judicialmente, estableciéndole incluso como fiduciario del tercio de legítima estricta.

---

42 Siempre que se encontrasen en una situación física o psíquica que les impidiese desenvolverse de forma autónoma.

43 RIVAS MARTÍNEZ, J. J. (2.005), *Derecho de Sucesiones. Común y Foral.* Tomo II, Cuarta Edición, Editorial Dykinson, Madrid, pág. 1477; SERRANO GARCÍA, I. (2.004) «Discapacidad e Incapacidad en la Ley 41/2.003, de 18 de noviembre», en *Homenaje al Profesor Francisco Javier Serrano García,* Universidad de Valladolid, pág. 144.

44 DÍAZ ALABART, S. (2.004), «La sustitución fideicomisaria sobre el tercio de legítima estricta a favor de hijo o descendiente incapacitado judicialmente (art. 808 C.c., reformado por la Ley 41/2.003, de 18 de Noviembre)», en *Revista de Derecho Privado,* número 5-6, Mayo, pág. 263; PEREÑA VICENTE, M. (2.0006), «La sustitución fideicomisaria en la legítima, ¿piedra angular del sistema de protección de los incapacitados?», en *Protección jurídica patrimonial de las personas con discapacidad,* PÉREZ DE VARGAS MUÑOZ (coordinador), Editorial La Ley, Madrid, pág. 693; RANGEL SÁNCHEZ, L. F. (2.0006), «La sustitución fideicomisaria sobre la legítima estricta», *Homenaje al Profesor Lluis Puig I Ferriol,* Volumen II, ABRIL CAMPOY Y AMAT LLARI (coordinadores), Editorial Tirant lo Blanch, Valencia, pág. 2005; NANCLARES VALLE, J. (2.014), «La sustitución fideicomisaria a favor de persona incapacitada», en *Las nuevas herramientas de protección jurídico-privadas de las personas dependientes. Un estudio comparado,* MUÑOZ FERNÁNDEZ (coordinador), Editorial Aranzadi, 2.014, pág. 145.

La segunda diferencia que se aprecia entre ambas redacciones es que en la actual se puede proteger mediante la sustitución fideicomisaria a las personas incapacitadas, mientras que en la nueva redacción propuesta por la Comisión (donde el actual procedimiento de incapacitación sufre una profunda reforma desapareciendo el procedimiento de incapacitación como tal, y con ello las personas incapacitadas) se ha apostado por constituir como nuevos posibles beneficiarios a las *personas que se encuentre en una situación de discapacidad psíquica, física o sensorial que le impida desenvolverse de forma autónoma.*

¿Significa entonces esto que cualquier persona con discapacidad, siempre que sea hijo del testador, podrá beneficiarse de la sustitución fideicomisaria que puede recaer sobre la legítima estricta del resto de herederos forzosos?

Parece que no, ya que otra de las modificaciones que pretende el Proyecto de Ley es modificar la Disposición Adicional cuarta del C.c. antes expuesta, en la que actualmente se refleja que la referencia a personas con discapacidad que se realiza en los artículos 756, 822 y 1.041 se refiere a las personas con discapacidad que tengan acreditado como mínimo el 33% de discapacidad psíquica y el 65% de discapacidad física o sensorial en base al artículo 2.2 de la LPPD, siendo la intención del Proyecto incluir dentro de dicha Disposición los artículos encargados de regular la sustitución fideicomisaria especial, con lo cual se reducirían sus beneficiarios exclusivamente a las personas con discapacidad que tuviesen acreditados ese 33% mínimo de discapacidad psíquica o 65% de discapacidad física o mental.

Y es que recoge el Proyecto de Ley por la que se reforma la legislación civil y procesal para el apoyo a las personas con discapacidad en el ejercicio de su capacidad jurídica, en su artículo 2, apartado sesenta y siete, que:

> *«Sesenta y siete. Se modifica la disposición adicional cuarta, que queda redactada como sigue:*
>
> *La referencia a la discapacidad que se realiza en los artículos 96, 756, número 7.º, 782, 808, 822 y 1041, se entenderá hecha al concepto definido en la Ley de protección patrimonial de las personas con discapacidad y de modificación del Código Civil, de la Ley de Enjuiciamiento Civil y de la Normativa Tributaria con esta finalidad».*

La tercera diferencia que podemos resaltar entre ambas redacciones es que en el primer párrafo de la propuesta por la Comisión se incluye la siguiente frase: *«No obstante, esta sustitución sobre la legítima estricta no será eficaz o se extinguirá si el fideicomisario tuviese, a su vez, hijos en esa misma situación».*

Es decir, que en base a la nueva redacción no podrá gravarse mediante la sustitución fideicomisaria que venimos estudiando a posibles fideicomisarios que tuviesen también un hijo en una situación de discapacidad física, psíquica o sensorial que le impida desenvolverse de forma autónoma, evitándose con ello que por proteger a una persona en tal situación se llegase a perjudicar a otra que se encontrase en las mismas circunstancias.

De la literalidad de la frase se puede deducir que la sustitución fideicomisaria ni siquiera llegaría a producirse (*no será eficaz*) en los supuestos en los que en el momento de la apertura de la sucesión exista un posible fideicomisario con un hijo en una situación de discapacidad física, psíquica o sensorial que le impida desenvolverse de forma autónoma, pero también se entiende que una sustitución fideicomisaria vigente podrá dejar de existir (*se extinguirá*) cuando en cualquier momento posterior a su constitución le sea declarada a un hijo del fideicomisario la situación de discapacidad física, psíquica o sensorial que le impida desenvolverse de forma autónoma.

Pero, ¿qué ocurrirá si existen varios fideicomisarios y solo uno de ellos tiene un hijo en esa situación? Parece que lo lógico será entender que la única porción de la legítima estricta que no queda gravada a favor del hijo del testador beneficiario de la institución será la correspondiente al fideicomisario con un hijo en las condiciones personales ya expuestas, si bien la sustitución fideicomisaria seguirá vigente en relación la cuota de legítima estricta del resto de fideicomisarios.

2.2.2. Dudas que existen en nuestro ordenamiento respecto al alcance del actual artículo 782 del c.c., y que no se disipan con la nueva redacción propuesta en el Proyecto de ley

Aunque hago referencia exclusivamente a las dudas que siguen sin disiparse con la nueva redacción propuesta por la Comisión, siendo justo he de exponer que con dicha redacción también se ha terminado con alguna de ellas, como, por ejemplo, la que existe en cuanto a si cualquier descendientes del testador puede ser fiduciario aunque no sea legitimario, situación resuelta con la redacción del Proyecto ya que en ella los descendientes dejan de ser posibles beneficiarios al limitarse su alcance única y exclusivamente a favor de los hijos.

Sin embargo, a continuación, nos centraremos en algunas dudas que en la actualidad existen en nuestro ordenamiento en base a la literalidad del artículo 782 y que seguirían existiendo con la nueva redacción que propone de dicho artículo el Proyecto, como pueden ser las siguientes:

1ª.- Hoy en día se plantean nuestros autores qué ocurrirá si existe más de un hijo del testador que tenga su capacidad modificada judicialmente, y el testador decide proteger solo a uno de ellos con la sustitución fideicomisaria sobre todo el tercio de legítima estricta del resto de herederos forzosos, lo cual iría en perjuicio del otro hijo incapacitado judicialmente.

Pero en base a la nueva literalidad propuesta para el 782 podemos preguntarnos: ¿Qué ocurrirá si existe más de un hijo del testador que debido a su situación de discapacidad física, psíquica o sensorial que le impida desenvolverse de forma autónoma, pero este solo haya decidido instituir como beneficiario del tercio de legítima estricta a uno de ellos? ¿Verá el otro hijo gravada su cuota de legítima estricta en beneficio de aquél que ha querido proteger el testador?

La lógica nos dice que la respuesta justa es que no, ya que no tiene sentido que para proteger a una persona con discapacidad física, psíquica o sensorial que no puede desenvolverse de forma autónoma se acabe perjudicando a otra en la misma situación, y más cuando esa es la decisión adoptada en el mismo artículo que se propone, para los casos en que uno de los fideicomisarios tuviese un hijo en la misma situación.

2ª.- Otra duda que planea en la actualidad en nuestro ordenamiento y seguiría haciéndolo de aprobarse la redacción del C.c. propuesta en el Proyecto es si la persona incapacitada, o aquella con discapacidad física, psíquica o sensorial que no pueda desenvolverse de forma autónoma, quedará obligado a hacer inventario y prestar fianza.

3ª.- En la misma línea podemos plantearnos hoy, y seguiríamos planteándonos de reformarse el C.c. con la literalidad propuesta para el artículo 782 por el Proyecto, si la sustitución fideicomisaria ha de recaer sobre todo el tercio de legítima estricta, o podrá el testador limitarlo a la parte que él considere oportuna dentro de dicho tercio.

4ª.- Al hablar de que la sustitución fideicomisaria recae sobre el tercio de legítima estricta, ¿se entenderá que también recae sobre la cuota de legítima estricta de la propia persona nombrada como fiduciario?

En relación con la institución actual, una parte minoritaria de la doctrina considera que la legítima estricta del fiduciario irá a parar al resto de fideicomisarios por igual, compensándose de esta forma a aquéllos herederos forzosos que se han visto perjudicados temporalmente por el gravamen de la sustitución fideicomisaria especial, si bien reitero que es una corriente minoritaria, ya que la mayoría de autores considera que la sustitución fideicomisaria especial no podrá gravar la legítima estricta del fiduciario.

5ª.- Otra duda de importantes consecuencias jurídicas que seguiría sin disiparse con la redacción propuesta en el Proyecto es si el establecimiento de una sustitución fideicomisaria sobre el tercio de legítima estricta conlleva también la designación obligatoria del tercio de mejora y del de libre disposición a favor de la persona protegida.

6ª.- Hoy existe la duda respecto al momento concreto en que a la persona se le ha debido declarar incapacitada judicialmente para saber si puede o no ser fiduciaria, pero con la nueva redacción propuesta en el Proyecto existirá la siguiente duda: ¿En qué momento concreto se ha debido declarar que la persona con discapacidad física, psíquica o sensorial no puede desenvolverse de forma autónoma?

Me explico. Si dicha declaración se produjo con anterioridad al otorgamiento del testamento por parte del testador, obviamente no planteará ningún problema. Por ejemplo, el padre que hace testamento a favor del hijo con discapacidad física, psíquica o sensorial que no podía desenvolverse por sí mismo, y al abrirse la sucesión dicho hijo sigue siendo en la misma situación.

Pero, ¿qué ocurrirá si el testador fallece antes de que la resolución concreta de persona con discapacidad física, psíquica o sensorial que no puede desenvolverse de forma autónoma se hubiese emitido?

O algo más rocambolesco aún, ¿podrá el testador instituir la sustitución fideicomisaria sobre el tercio de legítima estricta por si una persona que hoy en día no se encuentra en tal situación, en el futuro fuese una persona con discapacidad física, psíquica o sensorial que no pudiese desenvolverse de forma autónoma?

7ª.- Y, ¿qué pasará si el nombrado fiduciario sobre todo el tercio de legítima estricta dada su condición de persona con discapacidad física, psíquica o sensorial que no puede desenvolverse de forma autónoma, deja de ostentar tal condición? ¿deberá entenderse que deja de surtir efectos automáticamente la sustitución fideicomisaria?

2.2.3. Posible tangibilidad absoluta de la legítima estricta a expensas de la voluntad del testador, en base a la redacción del artículo 808 del Proyecto

Expone el actual artículo 808 del Código civil que:

«Constituyen la legítima de los hijos y descendientes las dos terceras partes del haber hereditario del padre y de la madre.

Sin embargo podrán éstos disponer de una parte de las dos que forman la legítima, para aplicarla como mejora a sus hijos o descendientes.

Cuando alguno de los hijos o descendientes haya sido judicialmente incapacitado, el testador podrá establecer una sustitución fideicomisaria sobre el tercio de legítima estricta, siendo fiduciarios los hijos o descendientes judicialmente incapacitados y fideicomisarios los coherederos forzosos.

La tercera parte restante será de libre disposición».

Por su parte, el párrafo 39 del artículo primero del Proyecto modifica dicha redacción al recoger que:

«Se suprime el tercer párrafo del artículo 808, pasando el actual cuarto párrafo a ocupar el tercer lugar, y se añaden a continuación dos nuevos párrafos, de forma que el artículo 808 presenta la siguiente redacción:

«Constituyen la legítima de los hijos y descendientes las dos terceras partes del haber hereditario del padre y de la madre.

Sin embargo podrán éstos disponer de una parte de las dos que forman la legítima, para aplicarla como mejora a sus hijos o descendientes.

La tercera parte restante será de libre disposición.

Cuando alguno de los hijos se encontrare en una situación de discapacidad psíquica, física o sensorial, el testador podrá disponer a su favor de la legítima estricta de los demás hijos o descendientes. En tal caso, salvo disposición contraria del testador, lo así recibido por el hijo beneficiado quedará gravado con sustitución fideicomisaria de residuo a favor de los que hubieren visto afectada su legítima estricta y no podrá aquel disponer de tales bienes ni a título gratuito ni por acto mortis causa.

Cuando el testador hubiere hecho uso de la facultad que le concede el párrafo anterior, corresponderá al hijo que impugne la privación de su legítima estricta acreditar que no concurre causa que la justifique».

Las dos primeras diferencias que podemos observar al comparar ambas redacciones coinciden, como es lógico, con lo expuesto anteriormente respecto al nuevo artículo 782, en cuanto a que desaparecen los descendientes como posibles beneficiarios de la institución que recaiga sobre la legítima estricta, fijándose como únicos posibles beneficiarios a los hijos, y que en la nueva redacción del 808 propuesta por la Comisión se ha apostado por constituir como nuevos posibles beneficiarios *los hijos se encontrare en una situación de discapacidad psíquica, física o sensorial*, en vez de a las personas incapacitadas judicialmente.

Sin embargo, en el presente apartado vamos a centrarnos en la tercera diferencia que podemos apreciar, y es que, en la redacción actual del artículo 808 no se le da ninguna opción al testador español a la hora de elegir con qué institución puede gravar la legítima estricta a favor de su hijo o descendiente incapacitado judicialmente, ya que siempre será a través de la sustitución fideicomisaria, mientras que en la redacción del Proyecto se nos dice literalmente que dependerá del testador cómo gravar la legítima estricta en dichas situaciones, si bien, cuando no haya disposición contraria del testador, lo que reciba el hijo beneficiado lo hará en concepto de fiduciario de una sustitución fideicomisaria de residuo, la cual no le faculta para disponer de los bienes fideicomitidos ni a título gratuito ni por actos mortis causa, siendo el resto de hijos o descendientes del testador los fideicomisarios de la mencionada institución de residuo.

El actual 808 se establece que «*Cuando alguno de los hijos o descendientes haya sido judicialmente incapacitado, el testador podrá establecer una sustitución fideicomisaria sobre el tercio de legítima estricta*».

En cambio, la redacción propuesta en el Proyecto habla de la posibilidad de gravar la legítima estricta sin exigir que sea a través de la sustitución fideicomisaria, ya que expone que «*Cuando alguno de los hijos se encontrare en una situación de discapacidad psíquica, física o sensorial que le impida desenvolverse de forma autónoma, el testador podrá disponer a su favor de la legítima estricta de los demás hijos o descendientes. En tal caso, salvo disposición contraria del testador, lo así recibido por el hijo beneficiado quedará gravado con sustitución fideicomisaria de residuo a favor de los que hubieren visto afectada su legítima estricta y no podrá aquel disponer de tales bienes ni a título gratuito ni por acto mortis causa*».

Por tanto, podemos entender en base a esta redacción que el gravamen de la sustitución fideicomisaria de residuo del que se habla en el artículo 808 regirá por defecto *«salvo disposición contraria del testador»*, lo cual deja en manos de éste decidir expresamente cómo quiere que se beneficie a dicho hijo a través del tercio de legítima estricta, y de ahí que en mi opinión pueda incluso, por qué no, adjudicarle el tercio de legítima estricta directamente como heredero sin límite alguno, tal y como puede hacerlo con el tercio de libre disposición y el de mejora.

Es decir, que puede entenderse que la frase *«salvo disposición contraria del testador»* que aparece en el 808 propuesto por el Proyecto faculta al testador para disponer algo en contrario a la sustitución fideicomisaria de la que se habla a continuación, ya que esta regirá por defecto, repetimos, siempre y cuando el testador no haya dispuesto nada al contrario.

Por ejemplo, imaginemos un supuesto en el que el testador recoge literalmente en su testamento algo parecido a lo siguiente:

> *«Instituyo como heredera universal a mi hija María, incluido todo el tercio de legítima estricta en base al artículo 808 del Código civil, disponiendo expresamente mediante este título que dejo sin efecto el gravamen de la sustitución fideicomisaria sobre dicho tercio a favor del resto de mis herederos, siendo mi voluntad expresa que mi hija María pueda disponer libremente de todo el tercio de legítima estricta tal y como puede hacerlo con el de libre disposición y el de mejora»*.

¿Quién podría entonces evitar que María (la cual debe encontrarse en una de discapacidad psíquica, física o sensorial que le impida desenvolverse de forma autónoma) o su representante legal llegado el caso, dispusiera libremente del tercio de legítima estricta si el testador lo dispuso expresamente en su testamento? ¿Por qué va a tener efectos la sustitución fideicomisaria de la que habla el 808 si el testador, ejerciendo su facultad para ello, ha dispuesto expresamente en su testamento que no quiere que sea así?

Por todo lo anteriormente expuesto, llego a la conclusión de con la redacción del 808 que propone el Proyecto, los testadores españoles con hijos se encontrare en una situación de discapacidad psíquica, física o sensorial, podrán disponer a favor de éstos del tercio de legítima estricta sin ningún límite, lo cual vulneraría cuantitativamente la legítima estricta del resto de hijos o descendientes, atentando tal situación contra el principio sagrado e histórico de nuestro Derecho Sucesorio de la intangibilidad de la legítima estricta cuantitativa, ya que respecto a la cualitativa se contemplaba ya alguna excepción[45].

---

[45] Excepciones que, por regla general, simplemente suponían el aplazamiento del cobro de la legítima, como era el caso de la *cautela socini*, o la posibilidad de conmutar la legítima en dinero.

2.2.4. La «de residuo» como modalidad de sustitución fideicomisaria sobre la legítima estricta establecida en el proyecto

Como expusimos anteriormente, dentro de las sustituciones fideicomisarias de residuo encontramos la de *si aliquid supererit* (si queda algo), y la de *de eo quod supererit* (de aquello que debe quedar).

En los supuestos de sustituciones fideicomisarias *si aliquid supererit* (si queda algo), el testador faculta al fiduciario a disponer *inter vivos* (que podrá a ser a título oneroso o a título gratuito) o, incluso, *mortis causa*, de todos los bienes fideicomitidos, sin ningún tipo de límite, siempre y cuando así lo haga constar expresamente el testador, es decir, que el fiduciario podrá disponer absolutamente de toda la herencia fideicomitida, por lo que los fideicomisarios, llegado el momento oportuno, solo recibirán lo que quede cuando el fiduciario no haya dispuesto completamente de ella, o dicho de otra forma, los fideicomisarios heredarán si es que queda algo, y de ahí la expresión de *«si queda algo»*.

Así, recoge la sentencia del Tribunal Supremo 323/2.014, de 6 de junio, que:

«La esencia del fideicomiso (rectius, sustitución fideicomisaria) es el ordo sucessivus, el nombramiento de un preheredero (el fiduciario) y, sucesivamente, de un postheredero (el fideicomisario) pero en el residuo, el fiduciario tiene poder de disposición sobre los bienes fideicomitidos, en la medida que haya ordenado el testador fideicomitente.

En el caso presente, comprende los actos inter vivos y a título oneroso (a título gratuito, o mortis causa, solo a favor de la fundación fideicomisaria). Sin embargo, lo que no disponga (si quid supererit) se transmite directamente al heredero fideicomisario».

En la misma línea de reconocer al testador las más amplias facultades a la hora de fijar el alcance de la sustitución fideicomisaria de residuo *si aliquid supererit*, recoge la sentencia del Tribunal Supremo 624/2.012, de 30 octubre, que *«pese a su objeto, no obstante, la autorización del instituido para que disponga de los bienes de la herencia resultó claramente limitada, facultándole solamente para la disposición por actos inter vivos a título oneroso, quedando excluida la concesión de la facultad de disponer mortis causa, que ha de ser expresa y, a sensu contrario, la facultad de disposición inter vivos a título gratuito»*.

O, por último, la del Tribunal Supremo 327/2.010, de 22 junio, cuando expone que *«se establece así el fideicomiso de residuo en la modalidad más amplia «si aliquid supererit», si bien dejando a la buena voluntad del fiduciario guardar un resto de dichos bienes de la mejora, quedando su número y calidad al arbitrio del fiduciario que incluso podría haberlo consumido todo sin dejar nada, dada la amplísima institución «en pleno dominio» y facultad de disponer (fundamento de derecho sexto)»*.

Por su parte, en las de *de eo quod supererit* (de aquello que debe quedar), el fiduciario contará con facultades de disposición *inter vivos* sobre ciertos bienes fideicomitidos, pero no sobre todos, ya que la intención del testador es que ciertos bienes vayan a parar al fideicomisario una vez llegado el término o cumplida la condición. Dicho de otra forma, el fiduciario, en esta modalidad, no podrá disponer libremente de toda la herencia fideicomitida, por ser voluntad del fideicomitente que el fideicomisario reciba parte de la herencia.

A). Fin del debate doctrinal al respecto

Hoy en día, existen discrepancias doctrinales respecto a si puede o no puede un español tras la LPPD proteger a su hijo o descendiente incapacitado judicialmente estableciendo una sustitución fideicomisaria de residuo sobre todo el tercio de legítima estricta a su favor.

La doctrina más cualificada en la materia no es unánime a la hora de apostar por una u otra posibilidad. Al estudio en profundidad de los autores que componen cada línea doctrinal y su posicionamiento al respecto dedico hasta quince páginas en una monografía[46] sobre la sustitución fideicomisaria introducida por la LPPD, si bien en el presente artículo me limitaré a nombrar las líneas doctrinales existentes al respecto y la opinión de alguno de sus autores más representativos.

Así, lo primero que he de reconocer es que la corriente doctrinal que podemos denominar «negativa», es, sin duda, la corriente compuesta por la mayoría de autores.

Dentro de ella destaca ALBALADEJO[47], cuando expone que «*la sustitución fideicomisaria de que se trata es una sustitución fideicomisaria normal, no con facultad de disponer, ni tampoco fideicomisaria de residuo, las que el testador no podría establecer aunque quisiera.*

Sin embargo, hay quien opina que el testador puede dispensar al incapacitado fiduciario del deber de conservar, disponiendo incluso un fideicomiso de residuo.

Opinión claramente errónea (...). Permitir esto sería tanto como que directa o eventualmente pudiese el testador dejar al incapacitado la parte libre, la mejora entera y también la legítima entera, privando de ésta a todos los demás legitimarios que no fuesen el incapacitado».

---

[46] BOTELLO HERMOSA, P. (2.017), *La sustitución fideicomisaria especial introducida por la ley 41/2.003: inicio de la tangibilidad de la legítima estricta y origen de la desigual libertad de testar existente en España*, Editorial Tirant Lo Blanch, págs. 160-175.

[47] ALBALADEJO, M. (2.005), «El gravamen con una sustitución fideicomisaria a favor del descendiente incapacitado de la legítima estricta de los demás descendientes», en *Anales de la Real Academia de Jurisprudencia y Legislación*, Núm. 35, Madrid, pág. 43.

También LEÑA FERNÁNDEZ[48], indica que *«ciertamente, la modificación efectuada de los artículos del Código civil no limita el tipo de fideicomiso que puede imponerse, por lo que parece tendría cabida el condicional e incluso el de residuo. Sin embargo, una interpretación finalista de la Ley lleva a no admitir esos tipos de fideicomiso puesto que solo admite el gravamen de la legítima estricta con el fideicomiso regulado, pero no la privación de esa legítima estricta, cosa que podría ocurrir si no se cumpliese la condición puesta por el testador a los fideicomisarios en el fideicomiso condicional o no existiesen bienes para transmitir a los fideicomisarios por haber dispuesto de ellos el fiduciario en el caso de fideicomiso de residuo»*.

Junto a esta corriente doctrinal negativa aparece otra corriente que podemos llamar «intermedia», cuyos autores entienden que la posibilidad de que el testador establezca una sustitución fideicomisaria de residuo sobre el tercio de legítima estricta debería admitirse solo y exclusivamente cuando se acredite la estricta necesidad de disponer del fiduciario incapacitado.

Dentro de esta segunda corriente doctrinal encontramos autores como RAGEL SÁNCHEZ[49], que indica que únicamente se justificará *«el sacrificio de privación de la legítima de los descendientes no incapacitados cuando se constata la necesidad del descendiente incapacitado. Fuera de este caso extremo de estricta necesidad, estimamos que la sustitución fideicomisaria no debe llevar a la privación de la legítima estricta, por más que lo hubiera previsto el testador al establecer un fideicomiso de residuo. Por lo tanto, quedarían excluidas las posibilidades de disponer a título gratuito de los bienes fideicomitidos, tanto inter vivos como mortis causa, porque en tales supuestos no se estará acreditando que exista necesidad por parte del fiduciario»*.

También, en la misma línea, RIPOLL SOLER[50] entiende que *«aunque no estará exento de críticas, me parece que la solución adecuada es entender que la norma se está refiriendo a un fideicomiso de residuo con facultades de disposición para caso de necesidad del incapacitado»*.

Por último, existe una corriente doctrinal a la que podemos referirnos como «positiva», que apuesta por la posibilidad de que la sustitución fideicomisaria que grava la legítima estricta pueda ser en todo caso «de residuo», entre cuyos autores destacan, por ejemplo, PEREÑA VICENTE[51], quien considera que *«incluso esa privación podrá ser definitiva si el causante, haciendo uso de la facultad que le concede el art. 783, dispensa al fiduciario del deber de conservar la herencia constituyendo un fideicomiso de residuo. Esta posibilidad supone que el legislador admite que, ante la presencia de un incapacitado, la legítima de los demás coherederos puede llegar a desaparecer. Desde luego, una medida drástica que, esperemos, logre resolver más problemas de los que puede plantear»*.

---

48 LEÑA FERNANDEZ, R. (2.005), «Posibilidades testamentarias y otras disposiciones en materia de sucesiones que ofrece la Ley 41/2003», en *Discapacidad, patrimonio separado y legítima, Cuadernos de Derecho Judicial*, pág. 195.

49 RANGEL SÁNCHEZ, *Op. cit.*, pág. 5.865.

50 RIPOLL SOLER, «La sustitución fideicomisaria del nuevo artículo 808 C.C.: Fideicomiso de Residuo», cit., pág. 826.

51 PEREÑA VICENTE, «El Derecho...», cit., pág. 2.

También CÁMARA LAPUENTE[52], cuando entiende que «*más difícil es dilucidar si el testador puede crear un fideicomiso de residuo con plenas facultades dispositivas a favor del fiduciario incapacitado (a través de su representante); aunque con el tenor de los arts. 808.3 y 782 sería posible, por ser una modalidad de sustitución fideicomisaria*».

Por su parte, DÍAZ ALABART[53] manifiesta que aunque lo lógico sería no considerar posible la constitución de una sustitución fideicomisaria especial de residuo, acaba manifestando que tampoco se atrevería a descartar dicha posibilidad, cuando indica que: «*precisamente por carecer o tener muy mermada la obligación de conservar los bienes fideicomitidos es difícil aceptar que pueda ser de residuo el fideicomiso que se permite sobre el tercio de legítima estricta en el art. 808.3 C.c. De admitirse, podría convertirse en más que un gravamen a la legítima estricta en una verdadera desheredación para los legitimarios fideicomisarios, que podrían verse privados de su legítima si el fiduciario dispone, de una u otra forma de los bienes fideicomitidos. Por ello el admitir que el fideicomisario del art. 808.3 C.c. pueda ser de residuo lo considero excesivo, pues aunque se admita en el citado precepto la creación de un gravamen sobre la legítima estricta, mientras ésta no pierda su carácter, no sería posible que el gravamen impuesto pueda ser de tal tenor que permita defraudarla. Así que tratándose ese fideicomiso de un supuesto tan excepcional, parece lógico inclinarse por una interpretación restringida de la figura, la que cause el menor perjuicio posible a la posición de los colegitimarios gravados con la sustitución fideicomisaria, pero tampoco me atrevería a excluirla absolutamente, ya que el legislador no ha puesto limitaciones respecto del tipo de fideicomiso*».

Todas las dudas doctrinales recién expuestas se disipan con la redacción que propone el Anteproyecto de Ley, ya que en el mismo la Comisión apuesta decididamente por la inclusión literal en nuestro C.c. de la sustitución fideicomisaria de residuo sobre el tercio de legítima estricta, siendo la primera vez desde 1889 que nuestro Código recogería la modalidad «de residuo».

Por todo ello, tras conocer en 2.018 la postura de la Comisión General de Codificación al respecto, en mi opinión actualmente debe entenderse que la sustitución fideicomisaria que se permite sobre el tercio de legítima estricta puede ser de la modalidad de residuo, y todo ello con independencia de que la Ley por la que se reforma la legislación civil y procesal en materia de discapacidad llegue o no a promulgarse.

B). La sustitución fideicomisaria de residuo si aliquid supererit por la que apuesta el Proyecto aunque con importantes límites

En los casos en los que el testador intente beneficiar a un hijo que se encontrare en una situación física o psíquica que le impida desenvolverse de

---

52 CÁMARA LAPUENTE, S. (2.010), *Comentarios al Código Civil,* DOMÍNGUEZ LUELMO (dir.), Editorial Lex Nova, Valladolid, pág. 726.
53 DÍAZ ALABART, «La sustitución...», cit., pág. 1.050.

forma autónoma instituyéndolo heredero sobre el tercio de legítima estricta sin disponer de forma expresa nada más al respecto, lo estará convirtiendo en fiduciario de una sustitución fideicomisaria de residuo *si aliquid supererit* que le facultará para disponer por actos inter vivos, siempre a título oneroso, incluso cuando no lo necesite para sobrevivir (ya que no lo prohíbe la redacción del APL).

Y es que, la literalidad del nuevo artículo 808 del APL únicamente limita al fiduciario a disponer *mortis causa* y a disponer *inter vivos* de forma gratuita, siempre y cuando el testador no haya expresado nada al contrario, de lo cual podemos obtener dos conclusiones:

1ª.- A sensu contrario, el testador también puede expresar a favor del fiduciario la facultad de disponer *mortis causa* e *inter vivos* de forma gratuita de los bienes fideicomitidos.

Volviendo al ejemplo anterior, el testador con una hija que se encontrare en una situación física o psíquica que le impida desenvolverse de forma autónoma puede establecer lo siguiente en testamento:

> *«Instituyo como heredera universal a mi hija María respecto al tercio de mejora y libre disposición, y sobre el tercio de legítima estricta la instituyo fiduciaria de residuo si aliquid supererit con las más amplias facultades posibles a la hora de disponer de los bienes fideicomitidos que lo componen, desde disponer inter vivos a título gratuito u oneroso, hasta disponer de ellos mortis causa, nombrando fideicomisarios de los bienes fideicomitidos a mis otros dos hijos, Ramón y Lucas».*

2º.- Que puede entenderse que la sustitución fideicomisaria que propone el APL es más restrictiva para el fiduciario que la que existe hoy en nuestro C.c., ya que en la institución actual, si el testador establece a favor del fiduciario una sustitución fideicomisaria de residuo *si aliquid supererit* sobre todo el tercio de legítima estricta, sin decir nada más respecto a su alcance, se debe entender que no tendría ningún tipo de límite al respecto, ni siquiera para disponer *mortis causa* u onerosamente *inter vivos*, situación que no podría darse con la redacción propuesta en el APL.

Pero eso sí, no podemos olvidar que el testador podría fijar expresamente lo contrario, es decir, nada obsta para que éste establezca una sustitución fideicomisaria de residuo *si aliquid supererit* que permita incluso al fiduciario disponer *mortis causa* u onerosamente *inter vivos*.

La labor de la Comisión General de Codificación respecto a la modificación propuesta para los actuales artículos 782 y 808 del C.c., puede calificarse como loable, aunque podía haber sido, dicho con el máximo de los respetos, algo más completa, ya que no podemos negar que al igual que ha servido para disipar algunas de las dudas que nuestra doctrina (porque la jurisprudencia al respecto sigue siendo escasísima por no decir inexistente) viene planteándose desde la redacción que les otorgó a dichos artículos la LPPD, también es cierto que otras no las ha disipado y que incluso ha creado algunas nuevas de gran trascendencia jurídica.

Como conclusión del capítulo dedicado al estudio de la sustitución fideicomisaria especial en la presente monografía, entiendo necesario remarcar que resulta de una trascendencia jurídica enorme lo que propone el Anteproyecto con su artículo 808 principalmente por dos motivos:

1º.- Porque apuesta decididamente por la tangibilidad de la legítima estricta, tan ansiada desde algunos sectores de nuestro ordenamiento.

Y es que, a través de su redacción, dicho artículo permite a los españoles con hijos que se encuentren en una situación física o psíquica que les impida desenvolverse de forma autónoma, que dispongan a su favor de la legítima estricta de los demás hijos o descendientes sin ningún tipo de límite, si bien habrá de reflejarse así expresamente en el testamento.

2º.- Porque en aquellos casos en los que el testador no haya dispuesto nada al respecto y quiera proteger con la legítima estricta a dichos hijos, lo hará obligatoriamente mediante una sustitución fideicomisaria de residuo de la modalidad *si aliquid supererit* limitada, ya que se prohíbe al fiduciario disponer *mortis causa* ni *inter vivos* de forma gratuita.

La importancia de este segundo punto es doble, por un lado, porque se incluiría por primera vez en nuestro C.c. la modalidad de residuo de dicha institución, y por otro, porque si bien le limita literalmente al fiduciario a disponer *mortis causa* ni *inter vivos* de forma gratuita de los bienes que componen el tercio de legítima estricta, a sensu contrario le faculta para poder disponer libremente *inter vivos* de forma onerosa de todos los bienes, por qué no, que componen la legítima estricta, lo cual, una vez más, podría conllevar la tangibilidad cuantitativa de la legítima estricta del resto de herederos forzosos.

CAPÍTULO III

EL DERECHO DE HABITACIÓN EXTRAORDINARIO A FAVOR DEL LEGITIMARIO CON DISCAPACIDAD

3.1. Concepto y contenido del derecho de habitación del artículo 822 del Código civil

El derecho real de habitación se regula en nuestro C.c. junto a los derechos reales de uso y de usufructo, ya que el Título VI, de su Libro II lleva por título: *Del usufructo, del uso y de la habitación.*

Sin embargo, a la hora de regular cada uno de esos derechos podemos apreciar como el Código divide en dos capítulos el referido Título, dedicando el primer capítulo entero (desde el artículo 467 hasta el 522) a la regulación en exclusiva del usufructo, mientras que a los derechos de uso y de habitación les dedica tan solo, y de forma conjunta, 8 artículos, concretamente los comprendidos entre el 523 y el 529.

Aunque los tres son derechos reales independientes, considero que para llegar a entender el significado del derecho de habitación objeto del presente estudio es necesario definir también, aunque muy brevemente, el usufructo y el uso, derechos todos ellos en ocasiones llegados a confundir.

Así, se desprende de las afirmaciones de RIVERO HERNÁNDEZ[1] cuando expresa que la evolución del derecho de habitación, aun como derecho independiente, va muy vinculada a la del uso, con la diferencia institucional y matices que veremos; de la misma forma que una y otro quedaron asociados doctrinal y legalmente al usufructo, del que han sido considerados en demasiadas ocasiones figuras menores (especie de usufructo limitado a las necesidades de su titular), lo que hoy no es en absoluto exacto en nuestro sistema jurídico.

En la misma línea afirma O'CALLAGHAN MUÑOZ[2] que el derecho del uso es un usufructo limitado; el de habitación es un derecho de uso sin percepción de frutos y aplicado a la vivienda.

---

1 RIVERO HERNÁNDEZ, F. (2.016), *Usufructo, uso y habitación,* Cívitas - Thomson Reuters, págs. 1328 y 1329.

COSSÍO Y CORRAL[3], por su parte, considera que junto al derecho de usufructo, que agota todas las posibilidades del uso y disfrute de una cosa, el Código civil y la realidad jurídica admiten otras figuras de derecho real, que implican formas de utilidad o disfrute más o menos limitadas. Existen dos figuras clásicas, como son éstas de derechos de uso y habitación, que se nos ofrecen como parcelas de usufructo, limitadas, no por la capacidad de uso o reproducción de la cosa objeto de tales derechos, sino por las necesidades familiares de su titular y que se inspiran en ideas próximas al derecho de alimentos.

Mientras que para FERNÁNDEZ DOMINGO[4], los derechos de uso y habitación, que han sido considerados históricamente como supeditados en gran medida al derecho de usufructo, resultan ser, sin embargo, derechos de contenido específico diferente; y aunque en algunos supuestos (usufructo parcial y uso, por ejemplo), haya llegado a considerarse por la doctrina que estamos ante una misma figura, es lo cierto que se trata de una postura errónea, toda vez que sus regímenes jurídicos aplicables son sustancialmente distintos.

Llegados a este punto, lo primero que hemos de saber es que tanto el usufructo, como el uso y la habitación, son derechos reales[5] limitados que goce sobre cosa ajena, al igual que la servidumbre, los censos y la superficie.

¿Qué significa derecho real limitado de goce?

Dentro de las facultades que una persona puede tener sobre una cosa, destacan dos facultades concretas, como son:

- La facultad de gozar o disfrutar de ella, en cuya virtud podrá utilizar, aprovechar y disfrutar la cosa teniendo siempre presente la ley.

- La facultad de disponer de ella, en cuya virtud el propietario de una cosa podrá libremente gravarla o enajenarla.

Pues bien, de estas dos facultades el único que puede disfrutar conjuntamente es el propietario, como expone el artículo 348 del C.c. «*La propiedad es el derecho de gozar y disponer de una cosa, sin más limitaciones que las establecidas en las leyes*».

Por su parte, el resto de los derechos reales limitados solo recaerán en una u otra facultad, siendo en la facultad de goce sobre la que recaen tanto el derecho de habitación, como el de uso y usufructo, y de ahí que se denominen derechos reales limitados de goce.

---

2 O'CALLAGHAN MUÑOZ, X. (2.016), *Código civil comentado y con jurisprudencia*, 8ª edición, Wolters Kluwer, Madrid, pág. 566.

3 COSSÍO Y CORRAL, M. (1.988), *Instituciones de Derecho Civil,* T.II, Cívitas, Madrid, pág. 264.

4 FERNÁNDEZ DOMINGO, J. I. (1.994), *Los derechos reales de uso y habitación,* Dykinson, Madrid, pág. 150.

5 Como veremos con más profundidad, un derecho real (*ius in res*, res = cosa) es aquel que atribuye a su titular un poder directo o inmediato sobre una cosa o un bien, y que puede hacerse valer frente a todos, *erga omnes*.

Igualmente, se denominan derechos reales limitados «sobre cosa ajena» porque en la cosa que recaen concurren siempre dos partes: una, el propietario de la cosa (en estos casos llamado nudo propietario), y otra, el titular del derecho de usufructo (usufructuario), de uso (usuario) o de habitación[6] (habitacionista).

Eso sí, aunque los tres son derechos reales limitados de goce que recaen sobre la cosa cuya propiedad pertenece otra persona, lo cierto es que los tres tienen alcances diferentes.

Pasando a definirlos, el artículo 467 del C.c. describe el usufructo como el derecho a disfrutar los bienes ajenos con la obligación de conservar su forma y sustancia, a no ser que el título de su constitución o la Ley autoricen otra cosa.

El derecho característico del usufructo es de aprovechamiento de la cosa y consiguiente percepción de frutos, en el que van incluidas las ventajas del uso. Pero, además, corresponde al usufructuario un derecho a la posesión, en cuanto ésta es condición necesaria del goce, y un cierto derecho de disposición, en cuanto se le autoriza para ceder o enajenar su propio derecho de usufructo[7].

Por todo ello, al hablar del usufructo hacemos referencia al derecho real limitado de goce más amplio que existe, ya que autoriza a su titular a disfrutar todas las utilidades que resultan del normal aprovechamiento de la cosa ajena sobre la que recae.

Es más, el goce y disfrute del usufructuario sobre el bien es tan amplio que, con carácter general, puede afirmarse que durante el plazo de vigencia del usufructo es perfectamente asimilable al propio goce y disfrute que corresponde a un propietario sobre su cosa, con la excepción de que el usufructuario, a diferencia del propietario, no podrá modificar ni alterar la forma o sustancia del bien.

Por tanto, si un propietario de un inmueble, por ejemplo, puede vivir en él, arrendarlo, dejarlo en precario a un amigo, etc. (situaciones todas ellas que recaen sobre la facultad de goce o disfrute de la cosa), podrá también hacerlo el usufructuario. Sin embargo, edificar sobre una finca, levantar o tirar un muro, etc., son situaciones que no podrá hacer el usufructuario, ya que éstas implican la modificación o alteración de la forma o sustancia de la cosa, y por ende, solo podrá llevarlo a cabo el propietario de la cosa.

En cuanto al derecho de uso, recoge el artículo 524 del C.c. en su párrafo primero que el uso da derecho a percibir de los frutos de la cosa ajena los que basten a las necesidades del usuario y de su familia, aunque ésta se aumente.

---

6 Por ello, en el resto del trabajo cada vez que haga referencia al derecho de habitación haré referencia al mismo tiempo a un inmueble en el cual existen dos partes con dos titularidades diferentes, una será el nudo propietario de la vivienda, y otro el titular del derecho de habitación o habitacionista.

7 Nunca podrá enajenar la cosa sobre la que recae el derecho de usufructo, sino que lo que puede enajenar es su derecho de usufructo como tal.

RAMS ALBESA[8] considera que puede entenderse el derecho de uso como un derecho real de goce en cosa ajena, sin injerencias de tercero, incluido a estos efectos el propietario de la cosa objeto del derecho, que menoscaben o hagan imposible el goce directo, que se concede de forma estrictamente personal al usuario, para que obtenga de la cosa cuantos servicios sea capaz de aprovechar para la satisfacción directa y sin inmediación de sus necesidades personales y familiares, incluso haciendo suyos los frutos naturales o industriales que sea susceptible de producir, si bien la apropiación de frutos se limita, por regla, al límite consumo anual posible por el usuario y su familia.

Estas notas caracterizadoras distinguen claramente el uso del usufructo, pues para este último no se requiere que el aprovechamiento sea directo, ni se establece límite alguno en la obtención y apropiación de los frutos, pues el único límite proviene de la obligación de conservar la forma, sustancia y destinación económica de la cosa, ni existe duda alguna acerca de que el usufructuario puede enajenar la totalidad de los frutos de cualquier clase que produzca la cosa.

Para PIZARRO MORENO[9] el uso se trata de un derecho real que legitima al usuario para usar, gozar y servirse de una cosa ajena que produzca frutos. Se puede dar por comúnmente admitido que la expresión *frutos* ha de entenderse en el efecto más amplio, pues se trata ante todo de una relación instrumental; puede, por tanto, el usuario recibir frutos de toda clase: naturales, industriales y civiles. A poco que se observe, la distinción con el derecho de usufructo viene dada por las limitaciones, más que por las facultades. Es un derecho a usufructuar limitado a las necesidades (reales y objetivas, «los que basten...» dice el precepto) del usuario y de su familia.

LAMBEA RUEDA[10] al definir el derecho de uso marca directamente algunas de sus diferencias con el usufructo y el derecho de habitación, cuando expresa que el derecho de uso es un derecho real en cosa ajena concedido de forma personal al usuario para obtener todos los servicios o frutos que pueda aprovechar. En el uso hay derecho de uso y frutos y, a diferencia del usufructo, la percepción de frutos viene determinada por el usuario y su familia, que marcan la extensión del derecho. El uso permite utilizar la cosa totalmente. Su constitución es voluntaria o por prescripción, y el contenido de uso y frutos viene determinado por lo que pueda consumir el usuario (a diferencia del usufructo el uso es menos extenso), siendo un derecho de carácter personal e intransmisible, cuya extinción se produce por las causas del usufructo, en lo que su aplicación sea posible. Su objeto puede afectar a bienes muebles o

---

[8] RAMS ALBESA, J. (1.987), *Uso, habitación, y vivienda familiar*, Tecnos, Madrid, pág. 24.

[9] PIZARRO MORENO, E. (2.016), «Artículos 523 a 529», CAÑIZARES LASO, DE PABLO CONTRERAS, ORDUÑA MORENO y VALPUESTA FERNÁNDEZ (directores), en *Código Civil comentado,* Vol. I, Civitas-Thomson Reuters.

[10] LAMBEA RUEDA, A. (2.011), «Los derechos de uso y habitación desde una nueva perspectiva: cesión de inmuebles», en *Revista Crítica de Derecho Inmobiliario,* Núm. 728, pág. 3.110.

inmuebles. El uso de una vivienda permitiría utilizarla para habitarla o para otra finalidad, por lo que no parece que el uso sea una opción recomendable para los supuestos de hecho que pretenden aportar soluciones de vivienda en casos particulares, especialmente en tanto en cuanto el derecho de habitación es más específico para estos supuestos.

Una vez definido el derecho de usufructo y el derecho de uso, toca preguntarse: ¿Qué es el derecho de habitación?

En un breve repaso histórico del derecho de habitación debemos destacar que su naturaleza y extensión fue discutida entre los jurisconsultos romanos. Unos lo equiparaban al uso y otros al usufructo.

Fue Justiniano el que le dio la consideración de un derecho de propia índole más extenso que el uso, pero más limitado que el usufructo, concediendo a su titular la facultad de habitar por sí mismo o de arrendar la habitación a otra persona, pero no la de cederla a título gratuito.

En el Derecho moderno, la habitación se ha asimilado al derecho de uso, y el Código francés suprimió su particularidad más importante, al establecer que el habitacionista no puede arrendar ni ceder su derecho.

El Código español se ha inspirado en este sentido moderno del derecho de habitación, que lo considera como la facultad de ocupar en una casa ajena las piezas necesarias para el que tiene el derecho y para las personas de su familia cuando expone su artículo 524 en su segundo párrafo que el derecho de habitación da a quien tiene este derecho la facultad de ocupar en una casa ajena las piezas necesarias para sí y para las personas de su familia.

Como indica QUESADA SÁNCHEZ[11], el derecho de habitación se nos presenta asociado a los derechos de usufructo y uso, y tiene toda una historia compleja detrás, como los otros dos derechos citados. Los compiladores justinianeos incluyeron a los tres entre las servidumbres personales, pero el codificador francés, pretendiendo suprimir lo que parecían residuos de origen feudal, evitó esa expresión de servidumbres personales y los configura como derechos reales de goce sobre cosa ajena.

En palabras de RAMS ALBESA[12], la habitación un derecho real sobre cosa ajena, distinto del uso y del usufructo, con finalidad exclusiva de alojamiento, por lo que faculta al titular para ocupar las piezas de una vivienda que a tal fin sean precisas para él y su familia, con las mismas obligaciones y limitaciones que se imponen al usuario.

FLORES RODRÍGUEZ[13], por su parte, considera que el derecho de habitación faculta al habitacionista para ocupar en una casa, vivienda o inmueble

---

[11] QUESADA SÁNCHEZ, A. J. (2.011), «Breve reflexión acerca de la utilidad del derecho de habitación en el siglo XXI», en *Boletín Jurídico Derecho.com.*

[12] RAMS ALBESA, *Op. cit.,* pág. 26.

[13] FLORES RODRÍGUEZ, J. (2.006), «Algunas consideraciones sobre la actualidad del derecho real de habitación en el tráfico jurídico inmobiliario», en *Revista Crítica de Derecho Inmobiliario,* Núm. 693, pág. 127.

ajeno, las piezas necesarias para sí y para las personas de su familia, como regla general de forma vitalicia, es decir, hasta el fallecimiento del beneficiario, salvo que en el título se disponga otra cosa.

Importante es resaltar también cuando hablamos del derecho real de habitación, que éste permite el uso de un inmueble de forma conjunta entre el habitacionista (y su familia) y el nudo propietario del inmueble.

Como ejemplo esclarecedor de su alcance entiendo oportuno traer a colación la Sentencia 214/2.004, de la Audiencia Provincial de Cantabria, de 27 de mayo, cuando en su Fundamento de Derecho Tercero recoge: «*Es indudable que existe un derecho real de habitación de carácter vitalicio constituido a favor de la demandada, y que ese título es el contrato de fecha 23 de julio de 1.982 (...).*

Ahora bien, el derecho real de habitación se constituye exclusivamente sobre la casa–habitación de planta baja que los constituyentes del derecho real estaban levantando cuando se firmó el documento en la citada finca, pero no sobre la totalidad de la finca.

Así se desprende de las cláusulas del documento, interpretadas individualmente y en su conjunto. En la cláusula Primera, se alude a la casa-habitación, a la constitución del derecho real de habitación vitalicio y se reitera que éste se constituye sobre la casa-habitación («... cuya edificación...»). La cláusula Segunda es todavía más explícita: «se entiende que cada uno de ambos cónyuges habitacionistas necesitan la totalidad de la vivienda que se construye, y que el cónyuge sobreviviente también necesita la totalidad de la casa, al enviudar».

De la lectura del documento se desprende la voluntad, indubitada, de las partes, de constituir ese derecho real, al que califican como tal («derecho real») y además por su nombre («habitación»). No estamos, pues, ni ante un arrendamiento, ni ante una situación de precario. Tampoco ante un derecho real de usufructo –como la sentencia de instancia, en algunos puntos, denomina erróneamente–.

El artículo 524 C.c. define el contenido del derecho real de habitación: la habitación da a quien tiene este derecho la facultad de ocupar en una casa ajena las piezas necesarias para sí y para las personas de su familia. Se trata, por tanto, de un derecho restringido a la finalidad exclusiva de alojamiento del titular y de su familia.

Por consiguiente, y habida cuenta que no faculta para la percepción de frutos, es obvio que el derecho real se constriñe exclusivamente a la parte de la finca descrita en el título constitutivo del derecho real, y esa no es otra que la casa, y, puntualizando, aquellas partes de la casa –entendida ésta como «edificio»– susceptibles de ser habitada, en el sentido que al término le confiere el concepto jurídico del derecho de habitación, es decir, a la vivienda.

Lo que debe excluir tanto a la cuadra, como al resto de la finca. A lo que no es óbice que durante mucho tiempo los habitacionistas hayan estado utilizando la cuadra como el resto de la finca: tales actos no pasan de ser actos meramente tolerados por los propietarios de la finca, pero no forman parte del contenido específico del derecho real de habitación».

En definitiva, podemos definir el derecho de habitación como el derecho a vivir en la casa de otra persona, disfrutando de ella en su totalidad o en parte, en lo que sea necesario para las necesidades del titular (habitacionista) y su familia.

Y aunque es evidente la similitud entre el derecho de uso y el de habitación al recaer sobre la facultad de goce de la cosa ajena de forma directa, temporal e indisponible (aunque el derecho de habitación permite su disposición siempre que así se refleje en su título constitutivo, tal y como veremos en el siguiente capítulo), lo cierto es que ambos derechos son completamente diferentes, como lo acredita el hecho de que, por ejemplo, el derecho de habitación solo y exclusivamente puede recaer en favor de una persona física al tener como única finalidad el alojamiento del habitacionista y su familia, mientras que el uso podrá establecerse a favor tanto de personas físicas como jurídicas; o el hecho de que el derecho de uso puede recaer sobre cosas muebles o inmuebles mientras que el derecho de habitación solo puede establecerse sobre cosas inmuebles.

Siguiendo con las diferencias, VENEZIAN[14] considera que el uso de una casa comprende aprovechamientos distintos de los de la habitación; el usuario puede montar en ella el oficio que ejerza y usar los almacenes y tiendas para el comercio propio: la habitación se limita a satisfacer las necesidades del alojamiento y no son admisibles aquellos aprovechamientos cuando solo se haya concedido el derecho a la habitación.

Y, en la misma línea, GOÑI RODRÍGUEZ DE ALMEIDA[15] afirma que el derecho de uso es más amplio que el derecho de habitación, pues permite al usuario utilizar la cosa ajena con distintas finalidades, y obtener los frutos de ella, mientras que el derecho de habitación, que no deja de ser un derecho de uso de una pieza en una casa, es mucho más limitado, pues solo puede tener como finalidad la vivienda.

Por su parte, RIVERO HERNÁNDEZ[16] considera que, frente a la tesis, que todavía sostiene algún autor, que considera al derecho de habitación como una subespecie del de uso, puede sostenerse hoy con más seguridad la autonomía de aquel, pues su diferencia no reside solo en el objeto (vivienda únicamente, en el de habitación), sino en otros aspectos de más calado.

Por último, es de gran importancia resaltar que para que exista un derecho de habitación debe quedar constancia expresa de su existencia en el título constitutivo, ya que no puede presuponerse, al igual que tampoco puede presumirse que el derecho de habitación recaiga sobre toda la casa, salvo que así lo refleje de forma inequívoca su título de constitución, y cuando éste no diga nada respecto a su alcance, quedará limitado a las estancias que sean necesarias para el habitacionista y su familia,

[14] VENEZIAN, G. (1.928), *Usufructo, uso y habitación*, Madrid, vol. II, pág. 827.

[15] GOÑI RODRÍGUEZ DE ALMEIDA, M. (2.017), «Determinación del derecho de habitación», en *Revista Crítica de Derecho inmobiliario*, Núm. 763, pág. 2.647.

[16] RIVERO HERNÁNDEZ, *Op. cit.*, pág. 1.406.

En este sentido, recoge la Sentencia de la Audiencia Provincial de Madrid, de 24 de julio de 2.000 en su Fundamento de Derecho Tercero, que «*sobre las concretas piezas de una vivienda, no sobre la totalidad, amparando una eventual acción para que se identifiquen y determinen las piezas que en virtud del derecho de habitación tiene derecho a ocupar [...] quedando las restantes para uso de la propiedad, naturalmente con utilización conjunta de las piezas que por naturaleza requieran la utilización común*».

Eso sí, la afirmación que acabo de hacer en cuanto a que el derecho de habitación solo existirá cuando así se refleje en un título constitutivo tiene una excepción en nuestro C.c. desde el año 2.003, como es el derecho de habitación a favor del legitimario con discapacidad que conviva con el causante a su fallecimiento y que necesite una habitación, ya que en este supuesto no se exige constancia expresa de su existencia en el título constitutivo, sino que el derecho de habitación se origina por ministerio de la ley, sin que, además, se compute para el cálculo de las legítimas, siendo precisamente a esta excepción la que dedicaremos gran parte del presente estudio.

Cuando hacemos referencia al derecho de habitación que regula el C.c. entre sus artículos 523 al 529, lo primero que hacemos es definirlo como un «derecho real», pero, ¿qué es un derecho real?

Un derecho real (*ius in res*, res = cosa) es aquel que atribuye a su titular un poder directo o inmediato sobre una cosa o un bien, que puede hacerse valer frente a todos a los que se impone el deber jurídico de abstención y de respeto, por lo que los derechos reales quedan definidos por su carácter inmediato[17] y su carácter absoluto[18], lo cual implica un beneficio a la hora de defender la posición jurídica del titular de un derecho real.

Dentro de los diferentes tipos de derechos reales que existen[19], al referirnos al de habitación lo hacemos a un derecho real limitado de goce o disfrute del inmueble sobre el que recae, lo cual implica que su titular tiene sobre un inmueble que no es suyo, la faculta de usarlo y disfrutarlo.

---

[17] El carácter inmediato significa que el poder del titular se realiza y ejercita de una manera directa sobre la cosa que constituye su objeto sin necesidad de la intervención de otras personas.

[18] El carácter absoluto significa que el titular del derecho real satisface su interés, no solo frente a un posible sujeto pasivo, concreto y determinado, sino también frente a terceros, es decir, *erga omnes*.

[19] Está el derecho real temporal, que es la posesión; el derecho real pleno y absoluto, que es la propiedad (siempre teniendo en cuenta su función social recogida en el artículo 33 de la Constitución), que concede las facultades de disponer de la cosa y de gozar o disfrutar de ella; y los derechos reales limitados (no son plenos, ya que solo recaen sobre una de las facultades que otorga la cosa, y nunca sobre ambas) o que limitan la propiedad, dentro de los cuales se diferencian:
a) Derechos reales de goce o disfrute (usufructo, uso, habitación, censo, servidumbre, superficie, vuelo y subvuelo).
b) Derechos reales de garantía (hipoteca, prenda y anticresis).
c) Derechos reales de adquisición preferente (opción, tanteo y retracto).

Precisamente, su carácter de derecho real le otorga una mayor protección a su titular frente a cualquier otro tipo de derecho, porque como indica DORAL GARCÍA[20], se diferencia la habitación de cualquier otra relación jurídica que permita al titular habitar una casa ajena, por su carácter de gravamen real, lo que hace que no dependa de una contraprestación por el usuario, como puede ser la merced arrendaticia o un canon periódico.

LAMBEA RUEDA[21] manifiesta que la doctrina advierte de caracteres esenciales de la habitación frente al arrendamiento: la protección más enérgica como derecho real, la estabilidad que no depende de contraprestaciones y la temporalidad.

En la misma línea, BOTELLO HERMOSA[22] analiza por qué no puede confundirse nunca el derecho de habitación con el arrendamiento de habitación.

Igualmente, al ser el derecho de habitación un derecho real, su titular podrá oponerlo frente a todos (*erga omnes*), y de ahí que el habitacionista disfrute del derecho de habitación no solo frente al actual propietario[23] del inmueble sobre el que recae, sino también frente a los sucesivos propietarios, siempre y cuando se encuentre inscrito en el Registro de la Propiedad.

La posibilidad de cualquier derecho real de oponerse *erga omnes* alcanza su máxima expresión en un derecho como el de habitación, en el cual es muy frecuente que el habitacionista pueda llegar a convivir con diferentes nudos propietarios, ya que, como bien apunta FLORES RODRÍGUEZ[24], la habitación tiene en la actualidad importantes ventajas, en la medida en que permite un uso conjunto o compartido del inmueble entre habitacionista y nudo propietario, siempre que el derecho de habitación se conceda de forma parcial —que, en mi opinión, es el auténtico derecho de habitación—, pues, poniéndonos en la generalidad de las situaciones posibles, el propietario, anciano o no, que enajena su vivienda reservándose en su propio interés un derecho de habitación sobre la misma, pasa a convivir con el nuevo titular en calidad de habitacionista, de igual forma que si mediante actos o negocios *inter vivos* o *mortis causa* atribuye este mismo derecho de habitación en interés de aquella persona a la que desea beneficiar. El habitacionista tendrá que convivir con el benefactor, en el primer caso, o con los herederos del causante, si por el contrario la atribución se hizo mediante disposición de última voluntad.

---

20 DORAL GARCÍA, J. A. (1.992), «Comentario a los artículos 467 a 529 del Código Civil», *Comentarios al Código Civil* y *Compilaciones Forales*, coordinado por ALBALADEJO *y* DÍAZ ALABART, t. VII, vol. 1.°, EDERSA, Madrid, pág. 446.

21 LAMBEA RUEDA, *Op. cit.*, pág. 3.112.

22 BOTELLO HERMOSA, J. Mª. (2.016), «El contrato de arrendamiento de habitación: la problemática de su regulación. ¿Ley de arrendamientos urbanos o Código civil?, en *Revista Crítica de Derecho Inmobiliario*, Núm. 754, pág. 1003.

23 El cual tendrá limitada sus facultades de goce respecto a su inmueble ya que en él vive el habitacionista y seguramente su familia.

24 FLORES RODRÍGUEZ, J., *Op. cit.*, pág. 124.

En definitiva, el derecho de habitación es un derecho real que, como tal, otorga una importante protección a su titular ya que es un derecho oponible frente a todos, pudiendo destacarse en él ciertas cosas que lo convierten en un medio de protección especialmente interesante para el habitacionista, como, por ejemplo, los siguientes:

- Se puede adecuar al caso concreto en su título constitutivo, ya que, como estudiaremos en profundidad en los próximos capítulos, el artículo 523 del C.c. fija como fuente principal para conocer cuáles serán las facultades y deberes de sus respectivos titulares será el propio título constitutivo.
- No se puede embargar, ya que no está afecto a responsabilidad por deudas, o lo que es lo mismo, será siempre inatacable, por lo que podrán tener durante toda su vida acceso a una vivienda digna.
- Es inscribible en el Registro de la Propiedad, por lo que, con el simple hecho de exhibir la certificación registral, podrá ejercer su derecho contra cualquier otro.

El artículo 822 del C.c. otorga una protección patrimonial directa a las personas con discapacidad mediante un trato favorable a las donaciones o legados de un derecho de habitación realizados a favor de éstas, siempre que sean legitimarias y convivan con el donante o testador en la vivienda habitual objeto del derecho de habitación.

De la misma forma, el mismo artículo 822 concede por ministerio de la ley al legitimario con discapacidad que lo necesite un derecho de habitación sobre la vivienda habitual en la que conviviera con el causante, si bien a salvo de cualquier disposición testamentaria que el causante haya podido realizar al respecto, y sin la posibilidad de oponerse a que el resto de legitimarios que convivían con el causante lo sigan haciendo a su fallecimiento cuando lo necesiten.

Por todos estos motivos en ocasiones me dirijo a él como derecho de habitación «extraordinario», ya que es completamente diferente al derecho de habitación «ordinario» que existe en nuestro C.c. desde su promulgación en 1889, y que concretamente se regula entre sus artículos 523 y 529.

Nada mejor que la Exposición de Motivos de la propia LPPD para interpretar el contenido de la medida de protección que da título al presente trabajo, cuando en el punto VII, apartado c), fija que »*Se reforma el artículo 822 del Código Civil, dando una protección patrimonial directa a las personas con discapacidad mediante un trato favorable a las donaciones o legados de un derecho de habitación realizados a favor de las personas con discapacidad que sean legitimarias y convivan con el donante o testador en la vivienda habitual objeto del derecho de habitación, si bien con la cautela de que el derecho de habitación legado o donado será intransmisible.*

Además, este mismo precepto concede al legitimario con discapacidad que lo necesite un legado legal del derecho de habitación sobre la vivienda habitual en la que conviviera con el causante, si bien a salvo de cualquier disposición testamentaria de éste sobre el derecho de habitación».

Eso sí, no basta tener cualquier grado de discapacidad reconocido para poder convertirse en habitacionista de este derecho de habitación extraordinario, ya que la Disposición Adicional cuarta del C.c., introducida también a consecuencia de la LPPD, especifica que cuando en el artículo 822 hace referencia a personas con discapacidad, se entenderá hecha al concepto definido en la LPPD, reconociendo dicha norma en su artículo 2.2 que a los efectos de esta ley únicamente tendrán la consideración de personas con discapacidad las afectadas por una discapacidad psíquica igual o superior al 33%, o aquellas afectadas por una discapacidad física o sensorial igual o superior al 65%.

El tema de la vivienda es siempre de una gran importancia actual, y como bien dice DÍAZ ALABART[25], para cualquier persona el poder disfrutar de una vivienda constituye una necesidad primordial que, debido a los precios tan elevados que alcanzan en nuestros días, no resulta de fácil satisfacción. Esta aseveración es aplicable con mayor razón a las personas con algún tipo de discapacidad, que verán aumentadas esas dificultades. La discapacidad, generalmente les dificulta mucho, o incluso les impide totalmente, el obtener los medios económicos necesarios para alquilar o adquirir una casa. A ello se añade la frecuencia con que esa misma discapacidad les obliga a realizar determinadas modificaciones en la vivienda que ocupen para lograr su plena accesibilidad.

En tal sentido, FLORES RODRÍGUEZ[26] cuenta al hacer referencia a la LPPD que esta norma ha dado lugar a una extensa y compleja reforma del Código civil, y en uno de sus aspectos, la nueva redacción del artículo 822 del Código civil en beneficio de los discapacitados, ha puesto de relieve la utilidad de la figura del derecho de habitación cuando se utiliza como herramienta legal para dar satisfacción a la necesidad básica de vivienda de determinados sectores sociales desfavorecidos.

En la misma línea, MONTORO FERREIRA[27] considera que el derecho de habitación, anteriormente en cierto desuso, ha cobrado nueva vigencia en supuestos relacionados con discapacitados, al punto de la reforma del art. 822 del C.c.

GARCÍA HERRERA[28], por su parte, apunta el carácter personalísimo del derecho de habitación se subraya aún más si cabe cuando nos hallamos

---

[25] DÍAZ ALABART, S. (2.006), «El discapacitado y la tangibilidad de la legítima: fideicomiso, exención de colación y derecho de habitación», en *Protección jurídica patrimonial de las personas con discapacidad*, PÉREZ DE VARGAS MUÑOZ (coordinador), Editorial La Ley, Madrid, págs.88 y 89.

[26] FLORES RODRÍGUEZ, J., *Op. cit.*, pág. 123.

[27] MONTORO FERREIRA, D. (2.018), *La novación subjetiva en el arrendamiento de vivienda protegida*, Dykinson, Madrid, pág. 150.

[28] GARCÍA HERRERA, V. (2.018), *El legado de habitación a favor de legitimario discapacitado*, Dykinson, Madrid, pág. 69.

en presencia de un derecho de habitación constituido a favor de un legitimario discapacitado. En este supuesto, el derecho de habitación se constituye en exclusiva atención a las especiales necesidades de vivienda del beneficiario, a la satisfacción de las cuales se atemperará su contenido. Mediante la constitución del derecho de habitación el constituyente persigue facilitar el desarrollo integral de su legitimario procurándole un entorno personal y patrimonial adecuado a sus especiales y particulares necesidades en el que vivir cuando él falte.

Antes de centrarnos en los diferentes requisitos que el artículo 822 del C.c. exige para que pueda darse el derecho de habitación a favor de las personas con discapacidad, hemos de decir que al referido artículo se le otorgó una redacción completamente nueva, convirtiéndose el antiguo artículo 822 del C.c. en el párrafo tercero del actual artículo 821.

¿Y cuál es el contenido exacto del artículo 822 desde que fue modificado por la LPPD? El siguiente:

> *«La donación o legado de un derecho de habitación sobre la vivienda habitual que su titular haga a favor de un legitimario persona con discapacidad, no se computará para el cálculo de las legítimas si en el momento del fallecimiento ambos estuvieren conviviendo en ella.*
>
> *Este derecho de habitación se atribuirá por ministerio de la ley en las mismas condiciones al legitimario discapacitado que lo necesite y que estuviera conviviendo con el fallecido, a menos que el testador hubiera dispuesto otra cosa o lo hubiera excluido expresamente, pero su titular no podrá impedir que continúen conviviendo los demás legitimarios mientras lo necesiten.*
>
> *El derecho a que se refieren los dos párrafos anteriores será intransmisible.*
>
> *Lo dispuesto en los dos primeros párrafos no impedirá la atribución al cónyuge de los derechos regulados en los artículos 1406 y 1407 de este Código, que coexistirán con el de habitación».*

En base a la redacción actual del artículo 822, podemos afirmar que la constitución del derecho real de habitación a favor del legitimario con discapacidad podrá ser de origen voluntario por parte del constituyente (bien mediante donación o bien mediante legado) o por ministerio de la ley, existiendo entre ambas modalidades grandes similitudes en su regulación, aunque también hay importantes diferencias entre ellos como iremos comentando en los próximos apartados.

Para el resto de la monografía es muy importante recalcar que, dada su ubicación en el artículo 822 del C.c., en el apartado dedicado a las legítimas, y no entre artículos 523 a 529 del C.c., donde se regula el derecho de habitación ordinario, el derecho de habitación extraordinario se regirá:

1°.- Por las normas especiales que contiene en su literalidad. Es decir, que cualquier situación que contemple el referido artículo en su redacción será considerada una norma especial, y por ello será de aplicación automática, sin que nada le afecte a tal circunstancia la redacción que pueda tener al respecto el derecho de habitación ordinario.

2º.- Solo y exclusivamente para aquellas situaciones que no vengan contempladas en la literalidad del artículo 822 del C.c., se habrá de estar a las normas generales que regulan el derecho de habitación ordinario entre el 523 y el 529.

Igualmente lo entiende SANZ VIOLA[29] cuando expone que, en primer lugar, habrá que acudir al artículo 822 del Código y lo establecido en el acto de constitución, y supletoriamente a la regulación del derecho de habitación en el Código y en su caso del usufructo, según la remisión hecha por el artículo 528.

También RIVERA FERNÁNDEZ[30] considera que habrá de aplicarse las normas generales del derecho de habitación y además las especiales introducidas por el artículo 822.

O, GARCÍA HERRERA[31] cuando cuenta que al derecho de habitación constituido a favor de un legitimario con discapacidad no le son de aplicación las reglas consagradas por el Código civil para el derecho de habitación «ordinario», sino el régimen especial previsto por el artículo 822.

Por tanto, al estar expresamente regulado en el artículo 822, las reglas especiales regularán situaciones de tanta importancia, y en las que nos centraremos en los próximos apartados, como, por ejemplo, entender con exactitud a favor de qué personas puede establecerse el derecho de habitación, o, saber sobre qué vivienda puede recaer, o, si se exige en todo caso la convivencia entre benefactor y beneficiario, o, si el derecho de habitación es transmisible o intransmisible.

En cambio, para la resolución de todas aquellas dudas que puedan plantearse debido a que no se regulan como reglas especiales en la literalidad del artículo 822, debemos acudir supletoriamente a la regulación del derecho de habitación ordinario que existe en el C.c., cuyo contenido queda comprendido entre sus artículos 523 y 529.

Así, por ejemplo, respecto a cuándo se produce la extinción del derecho de habitación, o, a cuáles son las obligaciones y facultades del habitacionista, dado que no se recoge ninguna norma especial en la redacción del artículo 822 que la regule tendremos que acudir subsidiariamente al contenido del derecho de habitación ordinario para dar respuesta.

En las siguientes páginas nos centraremos en estudiar en primer lugar, características propias del derecho de habitación que se constituye de forma

---

29 SANZ VIOLA, *Op. cit.*, pág. 153.
30 RIVERA FERNÁNDEZ, *Op. cit.*, pág. 871.
31 GARCÍA HERRERA, *Op. cit.*, pág. 73.

voluntaria, para después hacer lo mismo respecto al derecho de habitación que se constituye por ministerio de la ley, para, finalmente, centrarnos en los efectos comunes a ambos tipos de derecho de habitación.

3.2. El derecho de habitación de origen voluntario sobre la vivienda habitual a favor de las personas con discapacidad

Recoge el artículo 822 del C.c. en su párrafo primero, la posibilidad de que cualquier español que conviva con un legitimario con discapacidad y quiera protegerlo, puede realizar en su favor una donación o un legado testamentario de un derecho de habitación, sin que el mismo compute para el cálculo de su legítima.

Nos encontramos, entonces, con un derecho de habitación constituido voluntariamente por una persona en beneficio de su legitimario con discapacidad, si bien para poder acogerse a los beneficios que otorga el artículo 822 deben cumplirse unos requisitos.

De las modalidades de negocios jurídicos que existen en nuestro ordenamiento para constituir un derecho de habitación de forma voluntaria, el legislador español apostó por la donación y el legado para constituir un derecho de habitación a favor del legitimario con discapacidad, o lo que es lo mismo, el referido derecho podrá constituirse a través de un contrato, como es la donación, o mediante testamento, y de ahí que el constituyente cuando lo establezca de forma voluntaria será siempre un donante o un testador.

Esta posibilidad de constituir un derecho de habitación mediante donación o legado a favor del legitimario con discapacidad con el que se convive ya existía antes de la LPPD, si bien, tendrían que ser siempre computados a la hora de calcular la legítima, pudiendo ser entonces objeto de colación o imputación a los efectos del artículo 1.047 C.c.

Sin embargo, en la actualidad, gracias a la reforma introducida en nuestro ordenamiento jurídico por la LPPD, si se dona o se lega un derecho de habitación a favor de un legitimario con discapacidad con el que se conviva, la donación y el legado estarán exentos de computarse en la legítima y dispensados de la colación[32], ya que la norma está pensada para proteger a las personas con discapacidad incluso aunque con ello se termine con la igualdad entre legitimarios.

Como sabemos, empieza el primer párrafo del artículo 822 del C.c. estableciendo que: «*La donación o legado de un derecho de habitación sobre la vivienda*

---

32 Es como decir que el derecho de habitación queda al margen de la herencia, de ahí que si al legitimario con discapacidad le hubiese correspondido X en la herencia del causante de no haber existido el derecho de habitación a su favor, cuando exista tal derecho a éste le seguirá correspondiendo X.
O dicho de otra forma, se beneficia enormemente al legitimario con discapacidad ya que su derecho de habitación vitalicio no se tiene en cuenta a la hora de calcular qué le corresponde a cada heredero.

habitual que su titular haga a favor de un legitimario persona con discapacidad, no se computará para el cálculo de las legítimas si en el momento del fallecimiento ambos estuvieran conviviendo en ella».

Todos aquellos derechos de habitación constituidos a favor de un legitimario con discapacidad que no lo hagan a través de una donación o un legado (por ejemplo, a través de una compraventa o una permuta) serán válidos, pero en esos casos estaremos hablando de un derecho de habitación ordinario de los que regula el artículo 523 y siguientes, por lo que no quedará exento del cómputo de la legítima del habitacionista con discapacidad, ya que esta es la principal ventaja que otorga el derecho de habitación del artículo 822, el cual única y exclusivamente puede ser constituido bien mediante donación, o bien mediante legado, pero nunca a través de otro tipo de negocio jurídico.

Pero antes de centrarnos en la donación o el legado testamentario como instrumentos mecanismos para crear el derecho de habitación extraordinario al que estamos refiriéndonos parece de obligado cumplimiento cuestionarse: ¿cuál será su alcance?

Dado que no hay regla especial que regule el alcance del derecho de habitación de origen voluntario en la literalidad del artículo 822 del C.c., regirá lo dispuesto a tal efecto en las reglas generales del derecho de habitación ordinario de los artículos 523 y siguientes.

Por ello, el alcance exacto del derecho de habitación voluntario depende exclusivamente de la voluntad de su constituyente, ya que éste, en su título constitutivo, podrá fijar de qué habitación o habitaciones dispondrá para vivir el legitimario con discapacidad (y sus familiares) dentro del inmueble gravado.

Y es que, como estudiaremos en profundidad más adelante, el alcance del derecho de habitación ordinario será el fijado en su título de constitución, ya que establece el artículo 523 del C.c.:

> *«Las facultades y obligaciones del usuario y del que tiene derecho de habitación se regularán por el título constitutivo de estos derechos; y, en su defecto, por las disposiciones siguientes».*

Es más, tampoco podrá suponerse que el derecho de habitación extraordinario de origen voluntario a favor del legitimario con discapacidad recaerá sobre todo el inmueble cuando su constituyente no haya reflejado en el título constitutivo su alcance concreto, ya que, cuando ocurre esto mismo en el derecho de habitación ordinario, los tribunales se encargan de limitar su alcance a alguna habitación concreta, y nunca a toda la vivienda, y todo ello dado que la finalidad del derecho de habitación es precisamente otorgar alguna habitación al habitacionista en una vivienda ajena, en la que su propietario puede seguir viviendo o usando como le antoje, eso sí, respectando siempre el derecho real de habitación que grava su propiedad en favor de un tercero.

En tal sentido entiendo oportuno traer a colación los Fundamentos de Derecho Primero y Segundo de la Sentencia de 17 de septiembre de 2.003, de la Audiencia Provincial de Barcelona, cuando establece:

«Partiendo de lo anterior es de ver que el artículo 523 del Código Civil dispone que «Las facultades y obligaciones del usuario y del que tiene derecho de habitación se regularán por el título constitutivo de estos derechos; y, en su defecto, por las disposiciones siguientes».

Acudiendo en este caso al título constitutivo, el testamento en el que se contiene el legado, el hecho de que en el mismo se indique que se lega el derecho de habitación «sobre la vivienda» no implica sin más que ese derecho de habitar se extienda a la totalidad de su superficie porque lo que se deduce de su tenor literal es que el derecho en cuestión se aplicará a dicha vivienda o, lo que es lo mismo, se ejercitará en ella, pero no determina ni especifica con qué alcance y en qué extensión, motivo por el cual, y ante la falta de regulación de las facultades del habitacionista, se ha de acudir a la normativa legal antes indicada.

En este sentido no se puede pretender que, ante esa falta de regulación y en concreto ante el hecho de que no se diga que recae sobre unas determinadas estancias de la vivienda, se presuma que el derecho de habitación alcanza a toda ella porque no hay que olvidar que el derecho de habitación, a diferencia del de usufructo, es un derecho en principio, y salvo que expresamente se establezca otra cosa, más limitado, estableciendo así el artículo 524 del Código civil (LEG 1889, 27) que «la habitación da a quien tiene este derecho la facultad de ocupar en una casa ajena las piezas necesarias para sí y para las personas de su familia».

Por tanto, si algo se ha de presumir, es que ese derecho, y por su propia naturaleza y alcance, legalmente establecido, se encuentra limitado con respecto a la vivienda sobre la que recae y que comprende tan solo la facultad de ocupar las partes de la misma que sean necesarias y no todas, requiriéndose para que podamos entenderlo referido a la totalidad de la vivienda que así se establezca de forma expresa y clara, lo que no acontece en el presente supuesto.

El que el inmueble tenga dos plantas no nos permite llegar a otra conclusión porque, como se desprende los documentos obrantes en el procedimiento, el mismo consta efectivamente de dos plantas, pero ambas se encuentran perfectamente diferenciadas y son independientes ya que la planta baja se encuentra destinada en su integridad a local de negocio, siendo la planta NUM ... la que se destina a vivienda.

Por consiguiente, y al especificarse en el testamento que el derecho de habitación legado lo era con relación a esa planta NUM 001, sin que se haga referencia al inmueble en general y sin mencionarse para nada la planta NUM 002, se ha de concluir que aquel derecho solo recae sobre lo que corresponda de la citada planta, sin que la circunstancia de que en el testamento no se haga alusión a la planta NUM 002 comporte que se pueda utilizar toda la vivienda porque no hablamos de pisos independientes susceptibles de ser utilizados como vivienda ya que solo hay una vivienda, la sita en la planta NUM ..., ubicándose en la otra planta un local.

Respecto a la voluntad del testador no tenemos en el procedimiento dato o elemento probatorio alguno que nos lleve a considerar que, con independencia de esa falta de concreción en el testamento, el testador quería efectivamente atribuir a la demandante el derecho de usar y habitar en exclusiva la totalidad de la vivienda, circunstancia sobre la que no existe la más mínima prueba ya que no se ha aportado ningún documento que refleje esa intención y la prueba testifical practicada nada ha aportado al efecto porque los testigos se limitaron a declarar sobre la relación existente entre la actora y aquél y sobre la distribución y extensión de la vivienda pero nada explicaron sobre esa supuesta voluntad, sobre la que tampoco se les preguntó nada.

Las conclusiones de la apelante se basan en lo que ella entendía que debía haber querido el causante habida cuenta de la relación que había mantenido con el mismo, pero esto no deja ser una mera suposición o especulación carente de prueba, siendo por otra parte significativo el hecho de que la misma manifieste en su demanda que tras fallecer aquél y ser requerida por el heredero, «desconociendo cuáles eran sus derechos» desalojó la vivienda y le entregó las llaves al mismo, enterándose después de que aquél había cambiado su testamento y de la existencia de este legado.

Y es significativo porque claramente revela que desconocía las intenciones del testador y en particular que éste pensara legarle un derecho de habitación, no pudiendo conocer por tanto, y con mayor razón, la voluntad del mismo respecto al contenido y a la extensión de ese derecho de habitación.

SEGUNDO

En cuanto a la extensión o contenido de ese derecho de habitación la apelante manifiesta que la vivienda es de reducidas dimensiones, pudiendo vivir en ella una familia, porque está compuesta por un comedor, dos habitaciones, un cuarto de plancha, cocina y baño por lo que, y según la misma, no hay mucho que habitar, implicando las características físicas del piso que el derecho de habitación abarca su totalidad.

También se afirma que para vivir es necesario un salón-comedor, una cocina y un baño, y que también es necesaria una segunda habitación para otros familiares y un cuarto de plancha, sin que se pueda obligar al habitacionista a compartir el uso de las piezas que le son necesarias con el nudo propietario.

En este sentido el solo hecho de que la vivienda no sea susceptible, por sus características y distribución, de división y de aprovechamiento independiente, ya que únicamente dispone de un baño, de una cocina y de un salón comedor, por lo que es obvio que no se pueden constituir dos unidades independientes con los correspondientes servicios que la hagan habitable, no permite considerar que el derecho de habitación tenga que abarcar la totalidad de la misma y en exclusiva ya que entonces, y de aceptarse lo contrario, la regulación legal de este derecho carecería de toda lógica, confundiéndose con otros diferentes y de mayor amplitud.

Ello es así porque, como hemos visto, el artículo 524 del Código Civil establece que ese derecho se extiende a las «piezas necesarias», con lo que de forma clara está previendo que las restantes, que no son precisas para cubrir las necesidades primarias, no tengan que ser ocupadas por el habitacionista, de todo lo cual se deriva que estas últimas sí pueden serlo por quien es su propietario, que es el que, en su caso, tiene la propiedad y la disposición de las mismas.

Por tanto, y si ese derecho puede alcanzar a algunas dependencias y el propietario puede utilizar las restantes, tenemos que concluir que la utilización exclusiva y excluyente alcanza a aquellas que cubran las necesidades del habitacionista y sean susceptibles de uso independiente y privativo, produciéndose con respecto a las demás que también sean necesarias, como el baño y la cocina, una utilización común o compartida.

Al respecto el mencionado artículo 524 no contempla inmuebles que dispongan de varios pisos, o mansiones con varias alas o piezas separadas, limitándose a hacer referencia a una «casa» y no hay que olvidar que, si bien no resulta extraño que hoy día las casas dispongan de más de un baño no ocurre lo mismo con otra dependencia tan necesaria como la anterior, la cocina, ya que normal y habitualmente solo existe una en cada vivienda, incluso en la que tienen varias plantas.

Por ello, y de aceptarse la tesis de la actora, nos encontraríamos con que, si bien el propietario puede disponer o utilizar determinadas dependencias de la casa, como algún dormitorio que aquélla no necesitara para cubrir sus necesidades, no podría, a diferencia del habitacionista, utilizar de ninguna manera la cocina o el baño, si solo hubiera uno, conclusión que entendemos no se ajusta a la regulación legal del derecho de habitación, que, insistimos, no se puede equiparar al usufructo sobre toda la vivienda ni con un derecho a utilizar privativa y exclusivamente la vivienda en toda su extensión».

En la misma línea también se expresa la Sentencia de 24 de julio de 2000 de la Audiencia Provincial de Madrid, cuando en su Fundamento de Derecho Tercero determina:

«Partiendo de estas notas que configuran el derecho de habitación , participamos del criterio del juzgador de instancia cuando considera que en el supuesto enjuiciado ningún obstáculo se alza a que, aún no determinado en el título constitutivo sobre que concretas dependencias de la vivienda se hace recaer tal derecho de habitación legado a favor del demandado, la regulación del Código, aplicable con carácter supletorio, lo hace recaer sobre las concretas piezas de una vivienda no sobre la totalidad, amparando una eventual acción para que se identifiquen y determinen las piezas que en virtud del derecho de habitación tiene derecho a ocupar el demandado quedando las restantes para uso de la propiedad, naturalmente con utilización conjunta de las piezas que por su naturaleza requieran la utilización común».

En conclusión, siempre que hagamos referencia al derecho de habitación extraordinario del legitimario con discapacidad que se origine voluntariamente por el donante o el testador, haremos referencia a un derecho de habitación cuyo alcance deberá determinarse en su título constitutivo, pero siempre que no haya sido así expresamente, recaerá exclusivamente sobre la habitación o habitaciones que necesiten él y su familia.

3.2.1. La donación como título constitutivo

Existen en el ordenamiento jurídico español dos tipos de donaciones, «*inter vivos*» que sirve para trasladar la propiedad entre personas vivas, y que, en base al artículo 621[33], se regirá por las disposiciones generales de los contratos y obligaciones; y «*mortis causa*», que son aquellas que han de producir sus efectos por muerte del donante, y se regirán por las reglas establecidas en el capítulo de la sucesión testamentaria, tal y como fija literalmente el artículo 620[34], siempre del C.c.

Lo cierto es que según la inmensa[35] mayoría de la doctrina, así como la jurisprudencia[36] existente al respecto, entiende que las donaciones *mortis causa* no existen como tales, al regirse por las reglas establecidas para la sucesión testamentaria.

Así, ROCA SASTRE[37] considera sin cabida en nuestro Derecho la figura de la donación *mortis causa* cuando argumenta que ésta y el legado son dos instituciones que se identifican, salvo en lo concerniente a la forma o modo de otorgamiento (donación y testamento, respectivamente), de suerte que aquélla únicamente tiene de donación la forma o modo de otorgamiento, siendo en lo demás una disposición testamentaria.

O, en la misma línea PARRA JIMÉNEZ[38] argumenta que si la donación *mortis causa* es un acto gratuito de disposición hecho en atención a la muerte, por naturaleza revocable y de eficacia dependiente de la supervivencia del donatario al donante, resulta que es un verdadero y propio legado, sin más diferencia que la de ordenarse extra testamentariamente, de suerte que no existe razón para que siga un régimen formal diferente al del legado.

Pero centrándonos en el tema objeto de la presente monografía, no cabe duda de que la donación como medio de constitución del derecho de habita-

---

33 Artículo 621 del C.c.: *Las donaciones que hayan de producir sus efectos entre vivos se regirán por las disposiciones generales de los contratos y obligaciones en todo lo que no se halle determinado en este título.*

34 Artículo 620 del C.c.: *Las donaciones que hayan de producir sus efectos por muerte del donante participan de la naturaleza de las disposiciones de última voluntad, y se regirán por las reglas establecidas en el capítulo de la sucesión testamentaria.*

35 Aunque existe algún autor en el sentido contrario, como VALLET DE GOYTISOLO, J. (1.952), «La donación mortis causa y el Código civil, en *Revista Crítica de Derecho Inmobiliario*, Núm. 288, mayo, págs. 321 y ss.

36 Sentencia del Tribunal Supremo de 24 de febrero de 1986.

37 ROCA SASTRE, R. (1.948), *Estudios de Derecho Privado*, con colaboración con PUIG BRUTAU, vol. I°, Edersa, Madrid, págs. 572 y ss.

38 PARRA JIMÉNEZ, J. (1.952), «De nuevo sobre la donación *mortis causa* y el Código civil», en *Revista Crítica de Derecho Inmobiliario*, Núm. 286, vol. XXVIII, págs. 187 y ss.

ción a favor del legitimario con discapacidad a la que hace referencia el artículo 822 del C.c. es la donación *inter vivos*, y nunca a la donación *mortis causa*, porque carece de sentido alguno que se fijasen como instituciones para poder establecer este derecho de habitación la donación *mortis causa* y el legado, cuando el principal argumento de nuestros autores, así como de la jurisprudencia, que defienden la inexistencia de la donación *mortis causa* es que dicha institución al fin y al cabo es un verdadero legado, es decir, que son instituciones idénticas, y por ello, reitero, el único tipo de donación al que hace referencia el artículo 822 del C.c. es la donación *inter vivos*.

Así, por ejemplo, afirma DIAZ ALABART[39] que, aunque el artículo 822 C.c. no lo diga expresamente, la donación a que se refiere es una donación ordinaria, esto es una donación *inter vivos*. Creo que verdaderamente es así, y que en ningún caso se trataría de una donación mortis causa, en el supuesto de que éstas verdaderamente existan en nuestro Derecho.

También GARCÍA HERRERA[40], tras afirmar la imposibilidad de defender la subsistencia de las donaciones *mortis causa* en el ordenamiento jurídico español, continúa contando que en cualquier caso, y aun suponiéndolas subsistentes en nuestro Derecho, este tipo de donaciones nunca podrán entenderse incluidas entre las «donaciones» a que se refiere el artículo 822,párrafo 1°, del Código civil, en cuanto títulos aptos a efectos de la constitución del derecho de habitación en él previstos, puesto que asimilándose a los «legados» merced a la disposición contenida en el artículo 620 del Código civil, y previendo aquel precepto también el «legado» como título idóneo para la constitución del referido derecho de habitación, nos encontraríamos con que en dicha norma se contiene una absurda reiteración al admitir la «donación» y el «legado» como títulos idóneos al efecto.

En definitiva, el titular de un inmueble podrá constituir sobre éste a título gratuito, *inter vivos* con una donación, o *mortis causa* con un legado, un derecho de habitación a favor de sus legitimarios con discapacidad sin que dicho derecho se compute llegado el momento en su cuota de legítima.

¿Qué es una donación?

La donación es la transmisión voluntaria de una cosa o de un conjunto de cosas que hace una persona, donante, en favor de otra, donatario, sin recibir nada como contraprestación.

El Código Civil la define en el 618 como: «*el acto de liberalidad por el cual una persona dispone gratuitamente de una cosa en favor de otra que la acepta*».

---

[39] DÍAZ ALABART, S. (2.004), «La sustitución fideicomisaria sobre el tercio de legítima estricta a favor de hijo o descendiente incapacitado judicialmente (Art. 808 C.c., reformado por la Ley 41/2003, de 18 de Noviembre)», *Revista de Derecho Privado*, Núm. 5-6, págs. 863-864.

[40] GARCÍA HERRERA, *Op. Cit.*, págs. 101 y 102.

A lo largo del tiempo ha existido el debate sobre la naturaleza jurídica de la donación, respecto a si ha de entenderse la donación como un contrato o un simple «acto» a través del cual se traslada la propiedad, ya que así se refiere a ella el art. 618.

Sin embargo, hoy en día nadie duda de que es un contrato, ya que necesita la concordancia de voluntad de «querer donar» el bien por parte del donante, con la voluntad de «querer aceptarlo» por parte del donatario, por lo que los efectos de la donación se producirán desde el momento en el que confluyan la oferta del donante y la aceptación del donatario o su representante legal, a lo que hay que sumar que el art. 620 recoge que las donaciones «inter vivos» se regirán por las disposiciones generales de los contratos y obligaciones.

Así lo considera también nuestro Tribunal Supremo, cuando en su Sentencia de 31 de mayo de 1.999, expuso: »*Pues bien, el contrato de donación, aunque regulado en nuestro Código Civil como un modo de adquirir la propiedad -artículo 609- no cabe la menor duda que ha de tener la consideración y tratamiento de un contrato y, así es casi unánime la doctrina moderna en la que predomina la concepción contractualista de la donación*».

Mientras que para el donatario la donación supone un acto de enriquecimiento, para el donante implica una disminución del patrimonio por un acto de transmisión gratuita a otra persona de algo que previamente le pertenecía, y, por consiguiente, el donante requiere una especial capacidad, además de encontrarse sometido a una serie de límites.

El Código Civil se muestra riguroso y exigente respecto de la capacidad del donante, al tiempo que amplía notoriamente la capacidad para recibir donaciones.

El donante ha de tener capacidad contractual y, además, la libre disposición sobre los bienes que vayan a ser objeto de donación.

Conforme al artículo 624, «*podrán hacer donaciones todos los que puedan contratar y disponer de sus bienes*».

Con relación al donatario, al ser el beneficiario, con el consiguiente enriquecimiento, bastará la capacidad jurídica (no es necesaria la capacidad de obrar, basta con la jurídica), así se deriva de la regla general del artículo 625 del Código Civil al establecer que podrán aceptar donaciones todos los que no estén especialmente incapacitados por la ley para ello; eso sí, al ser la aceptación un acto jurídico, siempre se necesitará un cierto grado de discernimiento en el donatario, y si faltare esta capacidad serán los representantes del interesado quienes la acepten.

En consecuencia, teniendo capacidad natural para entender y querer, pueden emitirse válidamente declaraciones de voluntad dirigidas a aceptar donaciones, y si no la tiene la pueden emitir sus representantes.

Como el derecho de habitación del artículo 822 del C.c. recaerá siempre sobre un bien inmueble, la donación ha de hacerse necesariamente en escritura pública en base al artículo 633 del C.c., debiendo producirse por tanto su aceptación en vida del donante.

La donación, como contrato que es, por regla general es irrevocable, en el sentido de que no puede quedar sin efecto por la sola voluntad del donante, una vez que haya tenido lugar la aceptación del donatario.

Sin embargo, el Código Civil, teniendo en cuenta su carácter de atribución patrimonial sin contraprestación, faculta al donante para recuperar lo donado en los siguientes supuestos: por supervivencia o superveniencia de hijos (artículo 644), por ingratitud del donatario (artículo 648) y por incumplimiento de cargas o condiciones (artículo 647).

Concluyendo ya con este apartado dedicado a la donación *inter vivos* como institución a través de la cual constituir un derecho de habitación a favor de un legitimario con discapacidad sin que éste le sea computado después en su legítima, expone NOGUERA NEBOT[41] que es llamativo que el artículo 822 del C.C. se refiera —junto al legado— a la donación (que es, por principio, un acto realizado *inter vivos*) como título para transmitir un derecho de habitación sobre la vivienda habitual del titular-donante en vida de éste, ya que si lo que se persigue es que el legitimario discapacitado pueda habitar en la vivienda habitual de aquel, ello se puede conseguir sin necesidad de concederle el citado derecho de habitación, simplemente con el consentimiento del titular; a menos que se quiera formalizar anticipadamente el derecho de habitación. Ya que el titular de la vivienda habitual siempre puede instituir el legado de derecho de habitación en su testamento, lo que habilitaría que el legitimario discapacitado —que ya la habitaba— continuase habitando en la vivienda habitual del testador tras el fallecimiento de éste.

Según dicho autor, si el legitimario de la persona con discapacidad quiere asegurarse de que éste va a tener siempre una habitación en su inmueble donde hoy en día conviven, bastará con su consentimiento durante toda su vida, y para cuando no esté, con la elaboración de un testamento en el que se refleje dicho derecho conforme al 822.

Pero yo me planteo, ¿y qué ocurriría si, en el supuesto que expone el autor, el padre en cuestión decide no donarle el derecho de habitación a su hijo con discapacidad, porque considera que mientras él viva le permitirá vivir con él, y apuesta por legarle dicho derecho en testamento, pero al tiempo el testador sufre una enfermedad psíquica que conlleva su incapacitación y vive en ese estado civil muchos años más?

¿Quién puede asegurar en ese caso, que el padre incapacitado no acabará, por ejemplo, en una residencia, y su antiguo domicilio habitual siendo vendido?

---

[41] NOGUERA NEBOT, T. (2.006), «El legado de derecho de habitación regulado en el artículo 822 del Código civil», en *Revista de Derecho de la UNED*, Núm. 1, pág. 481.

¿Acaso no se encuentra mucho más protegido el legitimario con discapacidad de una persona, si ésta en vida le dona un derecho de habitación vitalicio desde hoy y así lo inscribe en el Registro de la Propiedad, sabiendo además que el mismo no perjudicará al habitacionista en nada en su cuota de legítima?

Junto a ello, considero otra posible ventaja de la donación en vida frente al legado a la hora de proteger a la persona con discapacidad el hecho de que la donación, al ser un contrato, es, por regla general, irrevocable (con las excepciones anteriormente enumeradas), en el sentido de que no puede quedar sin efecto por la sola voluntad del donante, una vez que haya tenido lugar la aceptación del donatario.

El legado, sin embargo, podrá ser revocado sin ningún problema cuantas veces quiera el testador, bastando para ello tan solo el otorgamiento de un nuevo testamento.

3.2.2. El legado testamentario como título constitutivo

Ya sabemos que para transmitir el derecho de habitación del artículo 822 a título gratuito *inter vivos* nos referimos a la donación, mientras que si es una transmisión *mortis causa* hacemos referencia a la figura del legado, el cual deberá otorgarse siempre mediante testamento.

Pero, ¿qué es un legado?

Lo cierto es el C.c. no lo define, pero acudiendo a la doctrina encontramos la clara definición de ALBALADEJO[42] cuando expresa que el legado es una disposición *mortis causa* por la que el testador deja en concreto alguno (o algunos) de sus bienes o derechos a una persona, que lo recibe a título singular.

Por su parte, LASARTE[43] considera que el legado es una atribución jurídico-patrimonial que el causante, de forma directa y particular, realiza en el testamento a favor de cualquier persona.

En definitiva, podemos definir el legado como una forma de sucesión particular, mediante la cual el fallecido deja un concreto bien o derecho, o un conjunto de bienes o derechos singulares a una o varias personas. El que recibe dicho bien en concreto se llama legatario, y únicamente sucede al fallecido en aquello que le ha sido legado y no con carácter general.

En relación con este supuesto el artículo 882.1 del C.c. establece que «*cuando el legado es de cosa específica y determinada, propia del testador, el legatario adquiere su propiedad desde que aquel muere, y hace suyos los frutos o rentas pendientes, pero no las rentas devengadas y no satisfechas antes de la muerte*».

---

42 ALBALADEJO, M. (1.997), *Derecho Civil*, T. V, 7ª Edición, Editor José María Bosch, Barcelona, pág. 281.

43 LASARTE, C. (2.003), *Principios de Derecho Civil*, tomo VII, Marcial Pons, Madrid, pág. 182.

Y el párrafo segundo añade que «*la cosa legada correrá desde el mismo instante a riesgo del legatario, que sufrirá, por tanto, su pérdida o deterioro, como también se aprovechará de su aumento o mejora*».

Por ello, en base a este artículo podemos afirmar que el legitimario adquirirá el derecho real de habitación desde el mismo momento en el que el causante muera.

Sin embargo, el artículo 885 del C.c. por su parte establece que «*el legatario no puede ocupar por su propia autoridad la cosa legada, sino que debe pedir su entrega y posesión al heredero o al albacea, cuando éste se halle autorizado para darla*».

Es decir, que podemos afirmar que el legado confiere al legatario el título, pero no el modo o entrega de la cosa legada, la cual deberá ser pedida por éste al resto de herederos o al albacea.

¿Deberán pedir entonces los legitimarios con discapacidad beneficiarios del derecho de habitación del 822 al resto de herederos la entrega y posesión de la habitación que ya están poseyendo, incluso antes del fallecimiento del causante?

Solo cabe una respuesta negativa a tal cuestión, y es que carece de sentido que si en el derecho de habitación que estamos estudiando el legatario discapacitado siempre poseerá la habitación al momento del fallecimiento del causante (dado que es uno de los requisitos para poder constituirlo), tenga éste que solicitarle al resto de herederos que le entreguen la posesión de la habitación que ya posee.

Entre otros, MARÍN CASTÁN[44], que entiende que el legatario que venga ya poseyendo la cosa en concepto distinto del de dueño, resulta claro que la tiene ya legítimamente «ocupada» y que no necesita pedir su entrega y posesión, pero sí los documentos para reflejar su reconocimiento público como propietario.

O, en la misma línea GUTIÉRREZ JEREZ[45], cuando afirma que debemos alegar que de exigirse el requisito de la entrega lo transformaríamos en un acto ficticio y carente de todo fundamento. ¿Es defendible que el heredero reclame la posesión al legatario para volver a entregársela formalmente? Ciertamente, opinamos que no.

3.3. El derecho de habitación por ministerio de la ley a favor del legitimario con discapacidad

Nos encontramos seguramente ante una de las medidas más importantes desde el punto de vista práctico que se haya introducido nunca en nuestro

---

[44] MARÍN CASTÁN, F. (2.000), *Comentarios del Código civil,* Tomo 5, Editorial Bosch, pág. 99.

[45] GUTIÉRREZ JEREZ, J. L. (1.999), *El legado de usufructo en el Derecho Civil Común,* Tirant Lo Blanch, págs. 343 y 344.

C.c., y es que, como intentaré acreditar a continuación, este mal llamado «legado legal» opera en toda sucesión testada o intestada en la que un legitimario con discapacidad conviva con el causante, pero eso sí, siempre y cuando lo necesite y el causante no se haya opuesto a ello (situación que solo se puede dar en la sucesión testada a través del testamento), y teniendo en cuenta que el referido derecho no se computará para el cálculo de su legítima.

¿Es la sociedad española realmente consciente de la importancia de dicho precepto del C.c.?

¿Saben los cerca de cuatro millones de personas con discapacidad que viven en España que cuando vivan con un legitimario, tienen derecho «por ley», sin necesidad de que se lo otorgue el causante, a disfrutar, tanto él como su familia, durante el resto de su vida, de un derecho de habitación en la vivienda en la que convivían con el causante, y todo ello sin que el referido derecho se compute en su legítima?

Y es que, establece el artículo 822 en su párrafo 2º que:

> «*Este derecho de habitación se atribuirá por ministerio de la ley en las mismas condiciones al legitimario discapacitado que lo necesite y que estuviera conviviendo con el fallecido, a menos que el testador hubiera dispuesto otra cosa o lo hubiera excluido expresamente, pero su titular no podrá impedir que continúen conviviendo los demás legitimarios mientras lo necesiten*».

A continuación, me centraré en algunos interrogantes que a día de hoy sigue planteando la redacción del artículo 822, pero en concreto en su segundo párrafo, es decir, en el que se recoge la creación del derecho de habitación por ministerio de la ley.

¿Legado legal?

Antes de pasar a centrarnos en las condiciones que deben darse para que pueda operar este derecho de habitación que existe por ministerio de la ley, considero interesante resaltar alguna cuestión, como por ejemplo, que parte de la doctrina se refiere a éste como «legado legal», lo cual es debido a que así lo hace la LPPD en su Exposición de Motivos cuando afirma que «*Además, este mismo precepto concede al legitimario con discapacidad que lo necesite un legado legal del derecho de habitación sobre la vivienda habitual en la que conviviera con el causante, si bien a salvo de cualquier disposición testamentaria de éste sobre el derecho de habitación*».

Cuenta CASTÁN[46] que en el antiguo Derecho los legados se clasificaban en voluntarios y forzosos. Los primeros eran aquellos que dependían de la voluntad del testador, los segundos, los impuestos por la ley. Pero desde que la Ley de 23 de mayo de 1.845 aboliera las mandas pías forzosas, solo pervivían los legados voluntarios.

---

[46] CASTÁN TOBEÑAS, J. (1.984), *Derecho Civil Español, Común y Foral,* Tomo I, vol. 1º, Reus, Madrid, pág. 544.

Por ello, en la actualidad por legado se entiende esa forma de sucesión en la que el testador ha dejado a través del testamento algún bien o derecho concreto a favor del legatario, es decir, que el legado procede única y exclusivamente de la voluntad del testador, y dado que el derecho de habitación al que nos referimos en este punto se origina cuando el testador no lo haya dispuesto en el testamento (ese caso es el del legado voluntario, y no por ministerio de la ley) o muera sin testamento, sería contradictorio definir a este derecho de habitación legal como «legado legal».

Prueba de ello es que en el artículo 822, párrafo 2º, no hace referencia al «legado legal», sino que lo define como derecho de habitación por ministerio de la ley, y de ahí que, al menos bajo mi punto de vista, la definición más correcta sería la que usa el propio artículo o, en su defecto, la de «derecho de habitación legal», pero nunca la de «legado legal».

En tal sentido, considera FLORES RODRÍGUEZ[47] que precisamente la circunstancia de que este «legado legal» sea susceptible de atribución o constitución en el ámbito de la sucesión intestada refuerza la consideración de que no se trata de un verdadero legado, que en cuanto disposición emanada de la voluntad del causante debe ser plasmada en disposición testamentaria, sino de una disposición o atribución patrimonial singular que puede ser enajenada a una concreta voluntad manifestada en testamento.

También DONADO VARA[48] entiende que el legado en cuanto atribución hereditaria a título particular se fundamenta en la voluntad del testador que voluntariamente dispone del legado en beneficio de alguien. Por lo cual, cualquier atribución de bienes o derechos o legados legales que no tengan un origen en la voluntad del disponente, sino por ministerio legal, no serían legados propiamente dichos, al ir contra la naturaleza de la institución.

Por su parte, MINGORANCE GOSÁLVEZ[49] afirma que la Exposición de Motivos llama a esta nueva institución «*legado legal del derecho de habitación sobre la vivienda habitual*», pero que, en todo caso, se trata de un derecho real de habitación, tal y como ocurre con el usufructo vidual.

Y entonces, ¿cuál pudo ser la finalidad del legislador de la LPPD de definirlo como «legado legal» en la Exposición de Motivos de dicha norma, para después en el C.c. omitir dicho término y referirse al mismo como «derecho de habitación por ministerio de la ley»?

---

[47] FLORES RODRÍGUEZ, «El nuevo artículo...», cit., pág. 93.

[48] DONADO VARA, A. (2.018), «El legado o donación del derecho de habitación en el caso de un descendiente mayor de edad con discapacidad: controversias ante la aplicabilidad de una novedad legislativa sucesoria y contractual», en *Revista Crítica de Derecho Inmobiliario*, Núm. 767, pág. 1.573.

[49] MINGORANCE GOSÁLVEZ, C. (2.010), «Derecho de habitación sobre la vivienda habitual a favor del discapacitado en el Derecho español», en *Revista Crítica de Derecho Inmobiliario,* Núm. 722, pág. 2554.

En palabras de MONESTIER MORALES[50], quizás con una pretensión por parte del legislador de evitar toda discusión en torno a su naturaleza, intencionadamente omite en el texto del articulado la expresión legado *legal*, pero si aprovecha la Exposición de Motivos para así calificarlo y resucitar esta figura.

Discrepo del autor, ya que, en mi opinión, para evitar cualquier tipo de discusión lo lógico hubiese sido no incluir el término «legado legal» en la Exposición de Motivos, ya que, insisto, si nos estamos refiriendo a un tipo de derecho de habitación que va a producirse cuando el causante no haga testamento, o habiéndolo hecho no haga ningún tipo de referencia al derecho de habitación, ¿por qué definirlo legado si un legado es justamente lo contrario?

¿Tendrá cabida tanto en la sucesión testada como en la intestada?

Antes de centrarnos en las condiciones que deben cumplirse para la existencia del derecho de habitación legal o por ministerio de la ley, debemos preguntarnos si éste tiene cabida solo en los supuestos de sucesión testada en los que el testador no se haya opuesto expresamente a ello, o, en cambio, también surtirá efecto en los supuestos en los que el causante fallezca sin haber hecho testamento (sucesión intestada), siempre y cuando el legitimario con discapacidad cumpla con los requisitos fijados en el C.c. para ser habitacionista.

El párrafo 2º del artículo 822 recoge que los legitimarios con discapacidad tendrán derecho de habitación por ministerio de la ley cuando lo necesiten y convivan con el fallecido, *a menos que el testador hubiera dispuesto otra cosa o lo hubiera excluido expresamente*, lo cual puede llegar a interpretarse como que solo tendrá cabida en las sucesiones testadas, y nunca en las intestadas, dado que el referido artículo expone «*a menos que el testador…*», dando la impresión de que solo cuando haya existido un testador, podremos hablar de derecho de habitación por ministerio de la ley.

En mi opinión, nos encontramos ante otra de las imprecisiones técnico-jurídicas que podrían haberse evitado por parte del legislador del 2.003 con una redacción del artículo 822 más extensa y precisa, y que no dejase lugar a dudas en cuanto a que el derecho de habitación por ministerio de la ley se aplicará tanto en los casos de sucesión testada en los que el testador no haya dispuesto otra cosa o lo hubiera excluido expresamente, como en aquellos supuestos de sucesión intestada en los que el causante fallezca sin haber hecho testamento.

Mientras en el primer párrafo del artículo 822 es el propietario del inmueble quien mediante donación o legado testamentario podrá establecer el derecho de habitación a favor de su legitimario con discapacidad, en el segun-

[50] MONESTIER MORALES, J. L. (2.014), Los discapacitados y el legado de habitación, en *Nuevas perspectivas del tratamiento jurídico de la discapacidad y la dependencia*, Dykinson, pág. 332.

do párrafo es la ley la que origina tal derecho, aunque efectivamente ese propietario aparece solo por un motivo, la posibilidad que tiene mediante testamento de oponerse al derecho de habitación por ministerio de la ley, pero siempre que no lo haga, bien por morir sin testamento o bien por no oponerse a ello, entonces se originará el derecho de habitación por ministerio de la ley, repito, siempre y cuando concurran el resto de requisitos que iremos exponiendo a lo largo del presente trabajo.

Al fin y al cabo, por ministerio de la ley se aplicará el derecho de habitación a favor de la persona con discapacidad que lo necesite siempre y cuando el testador no se oponga a ello, entendiéndose que no se ha opuesto tanto cuando haya hecho testamento en el que no se oponga expresamente, como en aquellos supuestos en los que directamente no haya hecho testamento.

A esto también se suma que el derecho de habitación extraordinario queda encuadrado en la sección del C.c. dedicado a la legítima, siendo esta una institución común a la sucesión testada y a la intestada, y se debe ubicar sistemáticamente entre las materias generales que afectan a cualquier sucesión en la que se den sus presupuestos, por tanto, si a esto le unimos que los jueces deben actuar con equidad e interpretando las normas en relación con la realidad social del tiempo en que han de ser aplicadas y atendiendo fundamentalmente al espíritu y finalidad de éstas, considero que no cabe duda de que el derecho de habitación legal regirá tanto en la sucesión testada como en la intestada.

Podría darse el caso de que un progenitor que convive con su hijo con discapacidad no haga testamento por los motivos que sea y al morir, su hijo necesitase el derecho de habitación del 822 debido a que por su alto grado de discapacidad psíquica, por ejemplo, carece de ingresos y ve muy mermada la posibilidad de incorporarse al mundo laboral.

¿Tendría sentido que en este supuesto el legitimario con discapacidad no pudiese beneficiarse del derecho de habitación del artículo 822? ¿Acaso no atentaría esta situación contra la finalidad de la LPPD?

En la misma línea se posicionan autores como DONADO VARA[51], cuando argumenta que, aunque en principio parece que para que surja este «legado legal» es necesaria la existencia de un testamento por parte del causante que guarde silencio sobre este legado de habitación, es solo en principio, pues, este legado se daría en la sucesión testamentaria. Sin embargo, también hay que extenderlo a los supuestos de sucesión intestada, aunque parecería paradójico que no existiendo testamento, pueda existir un «legado», este «legado legal». (...) Debe hacerse extensivo a las situaciones de necesidad por parte del legitimario con discapacidad, aunque no exista testamento del causante y titular de la vivienda habitual, ya que se trata de beneficiar a un legitimario que necesita seguir habitando en la morada donde hasta entonces residía, y sus

51 DONADO VARA, *Op. cit.*, pág. 1.573.

derechos legitimarios son iguales tanto en la sucesión testada como en la intestada, y en definitiva, se trata de una atribución patrimonial a título singular establecida por la ley para el caso de que un testamento guarde silencio al respecto, o no se excluya expresamente.

También ÁLVAREZ MARTÍNEZ[52], quien expone que llama particularmente la atención esta concesión del legislador al legado de origen legal, el cual podrá constituirse (concurriendo los requisitos del primer párrafo) aunque el titular de la vivienda habitual no hubiese hecho testamento, o existiendo este último no se lo hubiese excluido expresamente.

SANZ VIOLA[53] afirma que para resumir estas consideraciones en torno a la naturaleza de este nuevo derecho quiero añadir que es un derecho sucesorio legal, en concreto un derecho real de origen legal que surge en el momento de la apertura de una sucesión *mortis causa* y opera tanto en la sucesión testada como en la intestada.

Condiciones que han de cumplirse para su otorgamiento

El importantísimo derecho de habitación legal que existe en España desde 2003 a favor de las personas con discapacidad debe cumplir una serie de requisitos para que pueda llegar a establecerse.

Así, por ejemplo, si un legitimario con discapacidad vive de forma independiente no podrá beneficiarse del derecho de habitación; o, en el caso de que no lo necesite tampoco se convertirá en habitacionista del referido derecho; o, por ejemplo, si el testador en su testamento se opuso expresamente a la constitución de este derecho de habitación tampoco tendrá su legitimario con discapacidad derecho a disfrutarlo.

Pero, ¿cuáles son exactamente las condiciones que han de darse para que se establezca el derecho de habitación del 822 por ministerio de la ley?

La necesidad que se exige en el derecho de habitación legal, entiendo que con la redacción actual del 822 puede ser fuente de dos problemas:

1º.- La necesidad no se recoge en el primer párrafo del 822, ¿significa esto que cuando el derecho de habitación sea constituido voluntariamente mediante donación *inter vivos* o legado, no será necesario que el habitacionista-legitimario con discapacidad lo necesite?

2º.- ¿Qué se entiende exactamente por necesidad del derecho de habitación?

Respecto al primero de los problemas podemos afirmar que, como suele ocurrir con todos los interrogantes jurídicos que origina la deficiente redacción dada al artículo 822, no hay una posición doctrinal unánime al respecto.

---

52 ÁLVAREZ MARTÍNEZ, G. (2.015), «Reflexiones sobre el derecho de habitación de las personas con discapacidad desde la perspectiva del operador jurídico», en *Revista Crítica de Derecho Inmobiliario*, Núm. 759, pág. 2.935.

53 SANZ VIOLA, A. Mª. (2.009), «El derecho de habitación legal a favor del discapacitado», en *Actualidad Civil*, Núm. 2, pág. 146.

Así, por ejemplo, hay autores que entienden que la necesidad a la que venimos haciendo referencia deba darse tanto en el derecho de habitación de origen voluntario, como en el de origen legal.

GARCÍA HERRERA[54], por ejemplo, argumenta que el presupuesto de la «necesidad» debe predicarse tanto en el caso del «legado legal» como en el supuesto de constitución voluntaria por el causante, y ello aunque la literalidad del precepto abogue por la solución contraria. Esta parece ser la intención del legislador cuándo, para cualquiera de las modalidades de constitución del derecho de habitación previstas en el artículo 822, párrafo 1° y 2°, del Código Civil, exige que el legitimario discapacitado beneficiario «conviva» con el causante en la vivienda afectada; en efecto, opinamos que al exigir dicha «convivencia» el legislador está pensando en sujetos que viven con su causante en la vivienda afectada antes y en el momento de su muerte por carecer de otra vivienda adecuada a sus necesidades, puesto que en caso de tenerla ya tendría cubiertas sus «necesidades de vivienda».

Sin embargo, existen otros autores que se posicionan en el sentido contrario, como ÁLVAREZ MARTÍNEZ[55], que considera que, si el causante se lo donó o legó, cabe recordar, es irrelevante a los fines de la constitución de este derecho la necesidad del habitacionista.

O, DÍAZ ALABART[56], cuando afirma que, si es el propio causante quien dona o lega ese derecho, no es preciso que exista esa necesidad por parte del discapacitado, si bien será normal que exista. Ahora bien, si es evidente que no hay tal necesidad pues el discapacitado tiene una o más viviendas a su disposición a parte de aquella que convivía con el testador, ¿esa donación o legado tendrá el régimen del 822 del C.c., en perjuicio de los colegitimarios, o se regirá por las normas generales de las donaciones y los legados? En mi opinión, siempre que sea una disposición (*inter vivos* o *mortis causa*) del titular de la vivienda se beneficiará del régimen especial, independientemente de que tenga o no necesidad de una vivienda, pues el requisito de la necesidad lo establece el artículo 822 C.c., únicamente para cuando se trate de un «legado legal». Y esta interpretación entiendo que es la que mejor se adecua al principio de protección del discapacitado que informa la LPPD.

En mi caso, coincido más con esta segunda corriente de autores que con la primera, ya que entiendo que si la redacción literal del artículo 822 solo habla de *necesidad* en el segundo párrafo, es precisamente porque en el primero, para aquellos derechos de habitación que pueda constituir el donante o testador a favor del legitimario con discapacidad no sea requisito *sine qua non* que el beneficiario lo necesite.

Es decir, que el donante o testador podrá constituir el referido derecho de habitación a favor del legitimario con discapacidad sin que se tenga en cuenta en su legítima, aunque éste, por ejemplo, tenga otras propiedades.

---

54 GARCÍA HERRERA, *Op. cit.*, pág. 75.
55 ÁLVAREZ MARTÍNEZ, *Op. cit.*, pág. 2.942.
56 DÍAZ ALABART, *Op. cit.*, pág. 103.

Por ejemplo, un nieto con discapacidad cuyo padre vive, y el abuelo quiere protegerlo lo máximo posible. Sabemos que al vivir el padre, dado el orden de prelación fijado en el artículo 807 del C.c., el tercio de legítima estricta no puede favorecer nunca al nieto. Sin embargo, en base al artículo 822 del C.c., este abuelo podrá otorgarle al nieto con discapacidad (no cualquier discapacidad, sino mínimo 33% psíquica o 65% física o sensorial) el tercio de libre disposición, más el tercio de mejora, a lo que puede añadir el derecho de habitación sobre la vivienda en la que convivían sin tener que computarse a la legítima del nieto.

Pasamos a continuación a centrarnos en el segundo de los problemas expuestos anteriormente, como es el de cuándo podrá determinarse con exactitud que realmente existe necesidad del derecho de habitación por parte del legitimario con discapacidad.

Por ejemplo, ¿necesitará el derecho de habitación aquél legitimario con discapacidad que puede afrontar el arrendamiento de una habitación en otro piso? O, ¿necesitará el derecho de habitación el legitimario con discapacidad que sea propietario de otro inmueble?

Personalmente entiendo que el alcance del artículo se limita a que la persona con discapacidad necesite vivir en esa vivienda por no tener ninguna otra donde hacerla, y por no tener medios económicos que le permitan cubrir esa necesidad, bien sea mediante arrendamiento bien mediante compraventa.

Tampoco podemos olvidar que siempre que se establezca el derecho de habitación a favor de legitimarios con discapacidad se estará privando al mismo tiempo al resto de legitimarios en parte de su legítima, de ahí que, en mi opinión, solo y exclusivamente deba entenderse que el legitimario con discapacidad necesita el derecho de habitación cuando no tenga ningún otro medio para conseguir dicho fin.

En la misma línea, RIVAS MARTÍNEZ[57] considera que es preciso que el favorecido con el legado lo necesite; por tanto, que el legitimario afectado de discapacidad carezca de recursos suficientes que le permitan fijar su residencia en otro lugar.

La Sentencia de la Audiencia Provincial de Vizcaya de 15 de noviembre de 2.011, también coincide con esta línea argumental cuando establece que «*Por tanto nos encontramos con una persona que entra dentro del ámbito de la mencionada Ley y que necesita de la vivienda familiar al no disponer de otra, siendo una carga de la herencia la atribución del domicilio familiar en los términos señalados por la Ley y sin que concurra ninguna de las circunstancias que la excluya*».

Otra línea es la que mantiene MINGORANCE GOSÁLVEZ[58], quien considera que tal necesidad no debe ir dirigida a la comprobación de la imposibi-

57 RIVAS MARTÍNEZ, *Op. cit.*, pág. 1.492.
58 MINGORANCE GOSÁLVEZ, *Op. cit.*, pág. 2.555.

lidad o grave dificultad que tenga el discapacitado para poder comprar o alquilar otra vivienda sin poner en riesgo su patrimonio o rentas. Sino más bien englobando varias circunstancias: no tener a su disposición otra vivienda o lugar de residencia en la población, capacidad económica del discapacitado, proximidad o no de los servicios de atención, etc.

Sea como sea, parece evidente que la necesidad de una habitación para vivir por no disponer de otro lugar donde hacerlo es un requisito sin el cual no podrá originarse nunca el derecho de habitación legal, o dicho de otra forma, si el legitimario con discapacidad dispone de los medios económicos suficientes para poder vivir en algún otro lugar no podrá convertirse en habitacionista del derecho de habitación por ministerio de la ley, a diferencia de lo que ocurre con el derecho de habitación extraordinario de origen voluntario, donde dependerá exclusivamente de la voluntad del benefactor, con independencia de que el beneficiario tenga o no necesidad del referido derecho de habitación.

No cabe ninguna duda de que para que exista el derecho de habitación legal a favor de un legitimario con discapacidad, el testador no lo ha podido excluir expresamente en el testamento, ni ha podido disponer otra cosa.

¿A qué se refiere el C.c. cuando establece «*a menos que el testador haya dispuesto otra cosa*»?

Particularmente entiendo que se refiere a la posibilidad de tomar alguna decisión en testamento que sea incompatible con el derecho de habitación del 822.

Por ejemplo, que directamente instituye propietario al legitimario con discapacidad sobre la vivienda en la que ambos convivían. La propiedad obviamente es incompatible con el derecho de habitación, ya que éste es un derecho real que limita a aquella, siendo precisamente su cualidad el recaer sobre una propiedad ajena.

O dicho de otra forma, un propietario no puede tener sobre su propiedad un derecho de habitación, de ahí que, por ejemplo en esos casos, aunque el testador no se haya opuesto expresamente al derecho de habitación del 822, ha dispuesto otra cosa en testamento totalmente incompatible con el nacimiento del mencionado derecho.

¿Y si en vez de dejarle la vivienda en la que convivían el causante y el legitimario con discapacidad, el testador decide que ésta sea en propiedad para otra persona? ¿Deberá en esos casos igualmente entenderse que el testador «*ha dispuesto otra cosa*»?

En mi opinión no y entiendo que en ese supuesto de haber sido esta la verdadera voluntad del testador debería aclarar en su testamento que junto al hecho de que la casa vaya a parar en plena propiedad a la persona que sea, deberá excluir expresamente, tal y como dice el artículo 822, el derecho de habitación que puede recaer en dicho inmueble a favor del legitimario con discapacidad.

Dicho de otra forma, entiendo que con la frase *«el testador hubiera dispuesto otra cosa»* ha de entenderse siempre *otra cosa* que pueda repercutir favorablemente respecto al legitimario con discapacidad, pero nunca negativamente, ya que la situación negativa respecto al derecho de habitación legal por parte del testador se refiere el 822 párrafo segundo, cuando recoge *«o lo hubiera excluido expresamente»*, es decir, que la única forma de que el testador tiene para que no prospere el derecho de habitación legal a favor de su legitimario con discapacidad es expresarlo así de forma fehaciente, porque cualquier otra decisión en el testamento mejorando a otro legitimario no tiene que ir en perjuicio del derecho de habitación legal a favor de la persona con discapacidad.

Más allá va incluso la autora SANZ VIOLA[59], con la que coincido, cuando expresa que ni siquiera en caso de desheredar al discapacitado legitimario, conviene tener presente que el derecho de habitación legal no es la legítima, y por tanto no afecta la desheredación a este derecho del legitimario, salvo que se entienda que el acto de desheredación supone que el testador ha dispuesto otra cosa respecto del derecho de habitación.

Sin embargo, existen autores que entienden que la frase *«a menos que el testador haya dispuesto otra cosa»* puede referirse a otra cosa negativa contra la persona con discapacidad, como hace, por ejemplo, DÍAZ ALABART[60] cuando comenta que en cuanto a que no haya dispuesto otra cosa entiendo que incluye tanto que no haya dado un destino a la vivienda que haga entender que no quiso que el discapacitado podría seguir viviendo en ella, como si tomó alguna disposición concreta de otro tipo para solventar el problema.

Aun siendo consciente del importante perjuicio que la siguiente afirmación supone para el resto de los legitimarios del causante, en base a la literalidad del segundo párrafo del artículo 822 del C.c. solo puedo afirmar que el derecho de habitación que por ministerio de la ley se reconozca al legitimario con discapacidad se extenderá a todo el inmueble que grava.

Y es que expone el referido párrafo en su última frase que el titular del derecho de habitación *«no podrá impedir que continúen conviviendo los demás legitimarios mientras lo necesite»*.

A sensu contrario podemos entender que fuera de esos casos el habitacionista podrá impedir que el resto de legitimarios convivan en el inmueble sobre el que recae el derecho de habitación.

Es cierto que dicha decisión en el derecho de habitación ordinario no puede corresponder nunca al habitacionista, ya que este procura a su titular la facultad de habitar u ocupar en una casa ajena una o varias habitaciones para él y su familia con la finalidad exclusiva de alojamiento, si bien las decisiones sobre el resto de habitaciones de la casa pertenecen única y exclusivamente al propietario de la misma, y nunca al habitacionista, a no ser que

---

[59] SANZ VIOLA, *Op. cit.*, pág. 151.

[60] DÍAZ ALABART, *Op. cit.*, pág. 104.

en el título constitutivo se otorgue el derecho de habitación a favor del habitacionista sobre todo el inmueble, lo cual no suele ocurrir ya que para ello suele usarse el derecho real de usufructo o, incluso, el derecho real de uso.

Pero de todo esto era conocedor el legislador de la LPPD cuando decidió incluir en su redacción que el titular del derecho de habitación por ministerio de la ley no podrá impedir que continúen conviviendo los demás legitimarios mientras lo necesiten, debiéndose entender entonces que dicha afirmación sirvió para remarcar por parte del legislador que este derecho real de habitación legal recae sobre todo el inmueble que grava, siendo precisamente por eso, porque es el habitacionista con discapacidad (y no el propietario del inmueble gravado) el que decide qué hacer con el resto de las habitaciones que componen la casa, y de ahí que no pueda oponerse a la dicha convivencia cuando lo necesiten los demás legitimarios.

Otro motivo que me lleva a entender que el derecho de habitación por ministerio de la ley a favor del legitimario con discapacidad recae sobre todo el inmueble es que dicha situación ya ocurre en algunas regiones de España a favor de personas que no tienen ninguna discapacidad reconocida, como ocurre en Navarra, cuyo Fuero[61] reconoce el derecho de habitación ordinario por defecto sobre toda la vivienda, teniendo el habitacionista la facultad de ocupar la vivienda total y exclusivamente, o en Cataluña, cuyo C.c.[62] permite la cesión onerosa del derecho de habitación entre las facultades del habitacionista, siempre y cuando lo consientan los propietarios.

¿Acaso no tiene más sentido que dicho alcance beneficie a personas con discapacidad que lo necesiten, si sabemos que ya ocurre con personas que no tienen ninguna discapacidad reconocida y que no necesitan el derecho de habitación en Navarra y Cataluña?

En este punto destaco que no soy el único autor que se posiciona en tal sentido respecto al alcance del derecho de habitación del artículo 822.

De la misma forma lo entiende LEÑA FERNÁNDEZ[63] cuando argumenta que el derecho de habitación del artículo 822 se extiende a toda la casa ya que de lo contrario no se entendería la prohibición impuesta al habitacionista de impedir que continúen conviviendo los demás legitimarios mientras lo necesiten.

O, SANZ VIOLA[64], quien considera que en el caso del art. 822 del C.c. el derecho de habitación permite al discapacitado ocupar la vivienda ajena, sin

---

[61] En cuyo artículo 424 se expone que «*salvo que por disposición legal o voluntaria se establezcan limitaciones al derecho de habitación, se presumirá que este concede a su titular la facultad de ocupar la vivienda total y exclusivamente, para sí y los que con él convivan, así como de arrendar la vivienda total o parcialmente, y el arrendamiento cesará al extinguirse el derecho de habitación, sin prórroga alguna*».

[62] Artículo 562-4, párrafo 1°: «*Los usuarios y los que tienen derecho de habitación solo pueden gravar o enajenar su derecho si lo consienten los propietarios*».

[63] LEÑA FERNÁNDEZ, *Op. cit.*, pág. 212.

[64] SANZ VIOLA, *Op. cit.*, págs. 154 y 155.

fijar expresamente su extensión, surge la duda: ¿todas las piezas, o solo la que necesite él y su familia según la regla general? Ante este aparente silencio del precepto, es necesario acudir a una interpretación sistemática, para concluir si en este caso se aplican las reglas generales o, por el contrario, se establece una especialidad. Pienso que la especialidad del precepto viene al señalar como límites que no podrá impedir que continúen conviviendo los demás legitimarios del causante mientras lo necesiten, y que este derecho coexiste con el del viudo sobre la vivienda de carácter ganancial, atribuido en virtud de los arts. 1.406 y 1.407 del C.c. Si se aplicase el régimen general del derecho de habitación no tendría mucho sentido esta previsión del precepto. En definitiva, creo que implica una extensión de la facultad de ocupación sobre toda la vivienda ajena, de esta manera cobra sentido el precepto. Solo en caso de coexistencia con otros colegitimarios o con el viudo, su extensión se limite a las piezas necesarias para el discapacitado y su familia, sin olvidar que el discapacitado también formará, en muchos casos, su propia familia.

Hay una diferencia entre el parecer de estos dos autores y el mío, y es concretamente que mientras ellos hablan de que el derecho de habitación del artículo 822 recae sobre todas las piezas que conforman la vivienda gravada, en mi opinión ese alcance es solo el del derecho de habitación que se establezca por ministerio de la ley, ya que es en su párrafo donde aparece la redacción referida a la imposibilidad del habitacionista de impedir la convivencia con el resto de los legitimarios que convivían y que lo necesitasen.

Es decir, solo al segundo párrafo del artículo 822 del C.c. hay que aplicarle la norma especial que recoge.

Sin embargo, respecto al primer párrafo del artículo, donde regula el derecho de habitación voluntario, nada dice su literalidad en cuanto su posible alcance, motivo por el cual se le aplicarán las reglas generales del derecho de habitación ordinario de los 523 y 529 del C.c., que rigen con carácter supletorio, y como ya dijimos en el apartado anterior, su alcance, tal y como expusimos en el párrafo anterior, se recoge en su título constitutivo, y si nada dice al respecto, nunca se aplicará sobre toda la vivienda que grava el derecho de habitación, sino que solo recaerá sobre la habitación o habitaciones que el habitacionista y su familia necesiten.

Entiendo que si el legislador decidió colocar la frase «*su titular no podrá impedir que continúen conviviendo los demás legitimarios mientras lo necesite*» única y exclusivamente en el segundo párrafo es porque solo afecta al tipo de derecho de habitación que dicho párrafo engloba (derecho de habitación legal), y por esa misma regla, el hecho de haber excluido esa frase de la redacción del primer párrafo solo puede tener un sentido, excluir su alcance del derecho de habitación extraordinario de origen voluntario, lo cual tiene su lógica, ya que en el voluntario el constituyente decide expresamente el alcance del derecho de habitación que está constituyendo, mientras que en el derecho de habitación de origen legal, como el causante no ha dejado nada dicho respecto a su alcance, deberá ser el propio C.c. el que lo fije, y de ahí que en el segundo párrafo del artículo 822 haya establecido el alcance del derecho de habitación legal sobre toda la vivienda, con la excepción de que, cuando lo necesiten, el habitacionista no podrá negar al resto de legitimarios que convivan con él en el inmueble.

De hecho, así ocurre en la Sentencia 779/2.011, de 15 de noviembre, de la Audiencia Provincial de Vizcaya, en la que se reconoce un derecho de habitación por ministerio de la ley sobre toda la vivienda al legitimario con discapacidad cuando establece:

> *«En tal sentido y habida cuenta que el interés del discapacitado representado por el Instituto Tutelar de Bizkaia debe prevalecer sobre el de los restantes coherederos, entrañando el derecho de habitación una carga que por ministerio de la Ley reciben al heredar, los argumentos de la sentencia recurrida no pueden ser compartidos por esta Sala y debe ser revocada, estimado el recurso y reconocido el derecho de Don Fernando al uso de la vivienda familiar».*

En conclusión, siempre que hagamos referencia al derecho de habitación del legitimario con discapacidad que se origine voluntariamente por el donante o el testador haremos referencia a un derecho de habitación que no recaerá sobre todo el inmueble (salvo que así lo exprese el constituyente en el título constitutivo), mientras que si nos referimos al derecho de habitación legal que existe en nuestro ordenamiento jurídico a favor de las personas con discapacidad debemos ser conscientes de que éste recae sobre toda la vivienda gravada, y que siempre y cuando existan otros legitimarios que necesiten seguir viviendo en ella el habitacionista con discapacidad no podrá oponerse a ello.

En cuanto al resto de legitimarios a los que el habitacionista con discapacidad no podrá impedirles que continúen conviviendo con él en el inmueble toca preguntarse, ¿a qué legitimarios se refiere el C.c.?

Entiendo que carece de sentido que pudiera referirse a cualquier otro legitimario del causante, ya que si no estaríamos instituyendo un derecho de habitación universal a favor de cualquier legitimario que lo necesitase sin ningún otro requisito.

Tal vez haga referencia a los legitimarios del causante que se han adjudicado la propiedad de la casa sobre la que ha recaído el derecho de habitación por ministerio de la ley, ya que cobra sentido que un propietario que necesite vivir en su propiedad no pueda verse privado de ello por el habitacionista con discapacidad que disfruta de un derecho de habitación legal que recae sobre todo el inmueble.

En esta línea se posiciona O'CALLAGHAN[65] cuando entiende que aunque el párrafo comentado no lo diga, debe tratarse de legitimarios a quien se haya adjudicado el derecho de propiedad sobre la vivienda gravada con el derecho de habitación, en cuyo caso, dada su condición de propietarios se les

---

[65] O'CALLAGHAN, *Op. cit.*, pág. 843.

permite continuar viviendo en la misma, respetando en todo caso el derecho de habitación concedido al legitimario discapacitado.

Es decir, que aun recayendo sobre todo el inmueble el derecho legal de habitación a favor del legitimario con discapacidad, éste no podrá oponerse a que si los legitimarios a los que se les haya adjudicado la casa sobre la que recae el derecho de habitación lo necesitan, puedan seguir viviendo ahí.

Sin embargo, en mi opinión, de la literalidad del C.c. no cabe duda a la interpretación respecto a qué legitimarios el habitacionista con discapacidad no podrá oponerse a que convivan con él, siendo éstos concretamente aquellos legitimarios que lo necesiten, y, muy importante, que convivían tanto con el causante con le legitimario con discapacidad ante de la apertura de la sucesión, y de ahí que la última frase del segundo párrafo del 822 del C.c. haga referencia a que el habitacionista no podrá impedir que «continúen conviviendo» los demás legitimarios mientras lo necesite.

Por ello, bajo mi punto de vista, no debe prestarse atención a si estamos o no frente al nuevo propietario de la vivienda gravada con el derecho de habitación legal, sino que cualquier legitimario del causante que conviviese con el habitacionista con discapacidad y con el propio causante a su fallecimiento, siempre que lo necesite podrá seguir viviendo en dicho inmueble sin que el habitacionista con discapacidad que por ministerio de la ley tiene un derecho de habitación sobre todo el inmueble pueda negárselo.

En cuanto a la necesidad que se les exige a estos legitimarios para poder seguir conviviendo en el inmueble sin que el habitacionista se pueda oponer a ello, se plantean una serie de interrogantes jurídicos, como, por ejemplo, ¿cuándo ha de entenderse que el resto de los legitimarios verdaderamente necesitan seguir viviendo en ese inmueble? ¿Qué ocurrirá cuando ya no lo necesiten por disponer, por ejemplo, de recursos económicos para resolver el problema del alojamiento? ¿Podrán entonces las personas con discapacidad beneficiadas del legado legal del derecho de habitación exigir al resto de legitimarios el abandono de la vivienda? ¿Cuándo habla el segundo párrafo del 822 del legitimario que necesite una habitación en el domicilio del causante, se refiere también a sus familiares?

Por último, y en relación con la necesidad de los legitimarios y su derecho a quedarse en la vivienda gravada cuando esto ocurra, algunos autores se plantean si puede llegar a suceder lo mismo en los supuestos de derecho de habitación voluntaria a favor de un legitimario con discapacidad que recoge el primer párrafo del artículo 822.

Aunque hay autores que consideran que la respuesta ha de ser positiva[66], bajo mi punto de vista carece de sentido que dicha necesidad del resto

---

[66] Como FUENTESECA DEGENEFEE, M. (2.004), «Aspectos sucesorios de la Ley 41/2.003, de 18 de Noviembre, de Protección Patrimonial de las personas con discapacidad y de modificación del Código civil, de la Ley de Enjuiciamiento Civil y de la Normativa

de legitimarios se pueda exigir también a los supuestos del primer párrafo del 822, en primer lugar porque de ser así habría bastado con recogerlo en el primer párrafo igual que lo hace en el segundo, y en segundo lugar, porque, tal y como he intentado argumentar en este epígrafe, en los supuestos de derecho real de habitación voluntario a favor del legitimario con discapacidad éste no podrá impedir nada, dado que solo y exclusivamente tiene derecho a disfrutar de la habitación o habitaciones que le corresponda, siendo el propietario del inmueble el único que puede decidir en su título constitutivo el alcance que quiere para el derecho de habitación del legitimario con discapacidad, y sus intenciones respecto al resto del inmueble y de sus legitimarios.

3.4. La insuficiente reforma del artículo 822 del código civil en el Proyecto de ley de 17 de julio de 2.020

Llama la atención cómo el legislador español, conocedor de la serie de interrogantes de importante calado jurídico que despierta la actual redacción del artículo 822 del C.c., y a los que ya hemos hecho referencia, no haya aprovechado el Proyecto para modificar más en profundidad el referido artículo donde, tal y como acabamos de exponer, la única modificación ha sido incluir en su literalidad que la discapacidad a la que el mismo se refiere es la psíquica, física o sensorial.

Por ello, a continuación, me permito exponer algunas modificaciones necesarias en la redacción del artículo 822 del C.c. que no se han producido en el Proyecto, motivo por el cual seguirán desgraciadamente existiendo tras la publicación de la referida Ley para el apoyo de las personas con discapacidad en el ejercicio de su capacidad jurídica.

Los legitimarios que tengan reconocido, como mínimo, un 33% de discapacidad psíquica, o un 65% de discapacidad física o sensorial, como únicos posibles beneficiarios del derecho de habitación extraordinario.

Como he expuesto a lo largo del presente trabajo, existe una apreciación errónea incluso en nuestra doctrina respecto a que, en base a la redacción del artículo 822 del C.c., cualquier legitimario con discapacidad puede convertirse en habitacionista del derecho de habitación extraordinario.

¡Nada más lejos de la realidad!

La Disposición Adicional cuarta del C.c., introducida también mediante la LPPD, especifica que cuando en el artículo 822 hace referencia a personas con discapacidad, se refiere a aquellas que define como tal la LPPD, y a los efectos de esta ley expone su artículo 2.2 que únicamente tendrán la conside-

---

Tributaria con esta finalidad», en *Libro Homenaje al profesor Manuel Albalalejo García*, GONZÁLEZ PORRAS, J. M./MÉNDEZ GONZÁLEZ, F. P. (coords.), T. I, Colegio de Registradores de la Propiedad y Mercantiles de España, Servicio de Publicaciones de la Universidad de Murcia, Murcia, pág. 1.758.

ración de personas con discapacidad las afectadas por una discapacidad psíquica igual o superior al 33%, o aquellas afectadas por una discapacidad física o sensorial igual o superior al 65%, por lo que solo y exclusivamente los legitimarios que tengan reconocido tal grado de discapacidad podrán convertirse en habitacionistas en base al artículo 822 del C.c.

Es más, incluso el propio Proyecto en su artículo 2, apartado sesenta y siete, reitera lo mismo cuando establece que:

> *«La referencia a la discapacidad que se realiza en los artículos 96, 756, número 7.º, 782, 808, 822 y 1.041, se entenderá hecha al concepto definido en la Ley de protección patrimonial de las personas con discapacidad y de modificación del Código Civil, de la Ley de Enjuiciamiento Civil y de la Normativa Tributaria con esta finalidad».*

Pero entonces, una vez expuesto lo anterior, me pregunto por qué el legislador en la literalidad del artículo 822 fija como posibles beneficiarios del derecho de habitación al «... *legitimario que se encuentre en una situación de discapacidad psíquica, física o sensorial...*», en vez de fijar ya en su propia redacción que la discapacidad psíquica que ha de tener reconocida el legitimario para poder ser instituido habitacionista debe ser, como mínimo, del 33%, y la física o sensorial, como mínimo, del 65%.

En mi opinión, la inclusión de dichos porcentajes en la redacción que recoge el Proyecto no supone ninguna dificultad, y con ello se podría acabar con la falsa idea que puede existir hoy en día en nuestra sociedad, de que cualquier persona con discapacidad que cumpla con los requisitos del artículo 822 del C.c. puede convertirse en habitacionista del derecho de habitación extraordinario.

En este primer epígrafe, creo oportuno dejar expuesto que la defensa que en el presente trabajo hago respecto a que las personas incapacitadas judicialmente se entiendan también de forma automática como posibles habitacionistas carecería de sentido proponer que sea implementado por el Proyecto, precisamente la finalidad principal del Proyecto es la erradicación de la incapacitación como procedimiento, y su sustitución por un procedimiento de medidas de apoyo a las personas con discapacidad para el ejercicio de su capacidad jurídica, por lo que se pretende sustituir el término de incapacitado por el de persona con discapacidad psíquica, física o sensorial, o lo que es lo mismo, unificar terminológicamente las personas con discapacidad y las personas incapacitadas judicialmente en un único término, como es el de persona con discapacidad psíquica, física o sensorial.

Cualquier legitimario con discapacidad como posible beneficiario del derecho de habitación, sin ningún orden de prelación entre ellos

Como expusimos en un apartado anterior del trabajo, en la actualidad existen corrientes doctrinales diferentes respecto a si puede ser beneficiario del derecho de habitación del 822 cualquier legitimario con discapacidad del constituyente o causante, o, por el contrario, a la hora de saber quién puede y quién no ser habitacionista quedamos vinculados al orden de prelación que recoge el artículo 807 cuando fija por orden preferente y excluyente como legitimarios a ser llamados a la herencia:

1º.- Los hijos y descendientes respecto a sus padres y ascendientes.

2º.- A falta de los hijos o descendientes, serán herederos forzosos los padres y ascendientes.

3º.- El viudo o viuda en la forma y medida que establece este Código.

Pues bien, en el referido apartado anterior expuse tres argumentos por los que considero que cualquier legitimario, siempre y cuando cumpla con los requisitos exigidos en el 822, puede convertirse en habitacionista sin tener en cuenta con quién concurre a la herencia, o, dicho de otra forma, que no debe prevalecer ese orden de prelación fijado por el artículo 807 del C.c.

¿Y cómo incluir esta situación, de ser la verdadera intención del legislador, en la nueva redacción que propone el Proyecto?

Pues con una redacción parecida a la que propongo a continuación:

«La donación o legado de un derecho de habitación sobre la vivienda habitual que su titular haga a favor de cualquier legitimario, sin que rija el orden de preferencia del artículo 807, siempre y cuando se encuentre en una situación de discapacidad psíquica…».

La libertad de elección de la vivienda sobre la que recaiga el derecho de habitación en los supuestos de constitución voluntaria

Bajo mi punto de vista carece de sentido que se le permita a una persona otorgar un derecho de habitación extraordinario a favor de un legitimario con discapacidad sin que se compute en su legítima, pero en cambio no se le permita elegir en qué vivienda puede hacerlo.

Dicha situación, como expongo en las páginas dedicadas a su estudio, puede originar que el constituyente al conocer que solo puede otorgar el derecho de habitación del artículo 822 sobre la vivienda habitual, decida finalmente no hacerlo.

En cambio, por pura lógica, en los supuestos del derecho de habitación por ministerio de la ley el constituyente no va nunca a decidir sobre qué vivienda recaerá, motivo por el cual deberá fijarse en el propio C.c., y aunque en la literalidad del 822 no se expresa, no cabe duda de que el derecho de habitación por ministerio de la ley a favor del legitimario con discapacidad solo puede recaer sobre la vivienda habitual, ya que así, entre otros motivos, lo expresa la LPPD en su Exposición de Motivos como recojo en el apartado de la monografía en el que estudiamos esta situación.

Por ello, para disipar las dudas que pueden existir dada su falta de concreción en la literalidad del C.c., entiendo también oportuno que el legislador en el segundo párrafo del 822 fijase literalmente la vivienda habitual en el que estuviesen conviviendo causante y legitimario con discapacidad como único inmueble posible sobre el que puede recaer el derecho de habitación por ministerio de la ley.

En definitiva, respecto a la vivienda sobre la que recae el derecho de habitación del artículo 822, entiendo que podría ser interesante suprimir la palabra «habitual» del primer párrafo, e incluyendo «vivienda habitual» en el segundo, quedando la redacción propuesta de la siguiente forma:

> *«La donación o legado de un derecho de habitación sobre la vivienda que su titular haga a favor de un legitimario....*
>
> *Este derecho de habitación se atribuirá por ministerio de la ley sobre la vivienda en la que convivan en las mismas condiciones al legitimario que se halle en la situación prevista en el párrafo anterior...».*

De esta forma, remarcando en el segundo párrafo que el derecho de habitación que se produzca por ministerio de ley solo puede recaer sobre la vivienda habitual, no cabe duda de que el derecho de habitación del primer párrafo podrá recaer sobre la vivienda que considere oportuna el constituyente, el cual, al fin y al cabo, es el que mejor conoce qué puede interesar al legitimario con discapacidad o incapacitado al que pretenda beneficiar.

La supresión del requisito de convivencia para que el legitimario con discapacidad pueda convertirse en habitacionista en el derecho de habitación de origen voluntario

Considero que el hecho de exigir la convivencia entre el propietario y su legitimario con discapacidad cuando esta haya sido la voluntad del causante atenta contra uno de los principios de la Convención, como es el de promover la autonomía e independencia de las personas con discapacidad, motivo por el cual debería desaparecer dicha exigencia de convivencia del primer párrafo del artículo 822 del C.c.

Sin embargo, por los motivos que ya he expuesto, me parece que el derecho de habitación por ministerio de la ley tiene que tener algunos límites para su constitución, como puede ser el de la convivencia entre benefactor y beneficiario, o el de la necesidad del legitimario con discapacidad, motivo por el cual entiendo que la convivencia deberá seguir recogiéndose en la literalidad del artículo 822 como exigencia para la constitución del derecho de habitación, aunque solo en el segundo párrafo, el cual regula el derecho de habitación por ministerio de la ley.

Por todo lo anteriormente expuesto, creo que la redacción del referido artículo podría ser más acorde a la Convención si se suprimiese en su primer párrafo el requisito de estar conviviendo para que el legitimario con discapacidad pueda convertirse en habitacionista en los derechos de habitación que se hayan originado por voluntad del constituyente, si bien abogo por su mantenimiento en el segundo párrafo, ya que sí lo considero necesario respecto al derecho de habitación que se origine por ministerio de la ley.

El reconocimiento expreso del alcance del derecho de habitación por ministerio de la ley a los supuestos de las sucesiones intestadas

Una incertidumbre jurídica de enorme importancia práctica que plantea la redacción del artículo 822 del C.c. es si los supuestos en los que se origina el derecho de habitación por ministerio de la ley se limitan expresamente a los casos de sucesiones testamentarias en las que el testador no se haya opuesto a ello, o, por el contrario, si a parte de esos casos también debe aplicarse a los supuestos de sucesiones intestadas.

Precisamente, tal y como traje a colación en el epígrafe oportuno del trabajo, existen corrientes doctrinales diferentes en tal sentido.

Los motivos por los que entiendo que el derecho de habitación por ministerio de la ley se aplica tanto en la sucesión testamentaria como en la intestada se recoge el en apartado concreto del trabajo en el que estudio tal posibilidad, por lo que en este punto me limito a proponer una redacción alternativa que no dejase duda alguna al respecto:

> *«Este derecho de habitación se atribuirá por ministerio de la ley en las mismas condiciones al legitimario que se halle en la situación prevista en el párrafo anterior, que lo necesite y que estuviere conviviendo con el fallecido, tanto en la sucesión intestada como en la testada, a menos que el testador hubiera dispuesto otra cosa o lo hubiera excluido expresamente, pero su titular no podrá impedir que continúen conviviendo los demás legitimarios mientras lo necesiten».*

El alcance sobre toda la vivienda del derecho de habitación por ministerio de la ley

No podemos obviar que el alcance del derecho de habitación extraordinario que de forma voluntaria establezca el constituyente mediante donación o legado tendrá el alcance que éste haya fijado en su título constitutivo, y si nada dice al respecto, su alcance será limitado a la habitación o habitaciones que el habitacionista y su familia necesiten, teniendo en cuenta que siempre podrán usar las zonas comunes.

Como no recoge una regla especial el 822 en su primer párrafo respecto a su alcance, se habrá de estar a las reglas generales del derecho de habitación ordinario regulado entre los artículos 523 y 529, donde ya sabemos que primero se estará a lo dispuesto en el título constitutivo, y en su defecto, el derecho de habitación tendrá como alcance la ocupación de las habitaciones que necesite el habitacionista para sí y su familia.

Sin embargo, de la literalidad del segundo párrafo del artículo 822 del C.c. parece desprenderse que la intención del legislador de la LPPD respecto al alcance del derecho de habitación por ministerio de la ley es diferente, ya que, según la última frase, *«pero su titular no podrá impedir que continúen conviviendo los demás legitimarios mientras lo necesiten»*.

Por tanto, se entiende como una regla especial recogida en el propio artículo el alcance del derecho de habitación legal sobre toda la casa, porque solo cuando en dicha casa conviviese también algún otro legitimario con el causante antes de su muerte y lo necesitase, no podrá impedir el habitacionista que continúen conviviendo ahí.

Por ello, entiendo que de ser ésta la verdadera intención del legislador debería recogerlo expresamente en el segundo párrafo del 822 del C.c., con la idea de disipar las dudas doctrinales que existen en la actualidad respecto a una cuestión de tanta importancia práctica como es el alcance que por ministerio de la ley existe en nuestro Derecho a favor de los legitimarios con discapacidad que convivan con el fallecido y que lo necesiten, mientras que si la intención del legislador no era esta, sino que era justamente la contraria, la de limitar su alcance a la habitación o habitaciones que el habitacionista y su familia necesiten, también podría dejarlo expuesto en el Proyecto.

Sería tan fácil como anunciar en el segundo párrafo que este derecho de habitación recaerá sobre toda la vivienda, quedando por tanto la primera frase de la siguiente forma: *«Este derecho de habitación se atribuirá por ministerio de la ley sobre* ***toda*** *la vivienda...»*.

CAPÍTULO IV

LA FALTA DE PRESTACIÓN DE ALIMENTOS A FAVOR DE UNA PERSONA CON DICAPACIDAD COMO CAUSA DE INDIGNIDAD SUCESORIA

Con la nueva causa de indignidad sucesoria introducida en España en 2.003 podemos afirmar que más que ante una medida de protección directa de la persona con discapacidad, nos encontramos con una «sanción» que se le impone a ciertos familiares o parientes, o incluso a terceros, que no presten las atenciones debidas a una persona con discapacidad, aunque al mismo tiempo podemos considerarla, sin duda, como una medida para incentivar el cuidado de este colectivo de personas por parte de los familiares con derecho a heredarles.

En la misma línea expone RUIZ-RICO RUIZ MORÓN[1] que «*no hay aquí medida de protección directa de la persona con discapacidad, sino, y a lo sumo, una protección indirecta: se sanciona civilmente a aquellos familiares o parientes que, en vida del discapacitado, no adoptaron en relación a éste, la conducta que el legislador considera correcta; esto puede servir para que esos familiares, si quieren evitar la sanción, se comporten como se espera de ellos*».

La causa de indignidad introducida por la LPPD queda recogida, como no podía ser de otra forma, en el artículo 756 del C.c., artículo que ya regulaba seis causas de indignidad sucesoria, si bien mediante la LPPD se le incluye un séptimo supuesto que establece: «*Son incapaces de suceder por causa de indignidad, tratándose de la sucesión de una persona con discapacidad, las personas con derecho a la herencia que no le hubieran prestado las atenciones debidas, entendiendo por tales las reguladas en los arts. 142 y 146 del Código Civil*».

Por su parte, la Exposición de Motivos de la LPPD en su apartado VII, a), recoge que: «*Se configura como causa de indignidad generadora de incapacidad para*

---

[1] RUIZ-RICO RUIZ MORÓN, J. (2.004), «La reforma del Derecho de sucesiones con motivo de la protección de las personas con discapacidad», en *Actualidad Civil*, Núm. 4, pág. 360.

suceder abintestato el no haber prestado al causante las atenciones debidas durante su vida, entendiendo por tales los alimentos regulados por el título VI del libro I del Código Civil, y ello aunque el causahabiente no fuera de las personas obligadas a prestarlos».

Pero, ¿quiénes son las personas con derecho a la herencia a las que hace referencia el C.c.? ¿Por qué la Exposición de Motivos de la LPPD habla de «*indignidad para suceder ab intestato*»? ¿Dentro de las personas que pueden ser llamadas a heredar ab intestato, podrán ser indignas aquellas que no le hayan prestado las atenciones debidas a la persona con discapacidad porque a ello no les obliga los artículos 142 y 146 del C.c.?

Interrogantes todos ellos que siguen existiendo a día de hoy en nuestro Ordenamiento más de quince años después de la entrada en vigor de la LPPD, y en los cuales nos centraremos en las próximas páginas del presente artículo.

4.1. Alcance de la causa de indignidad sucesoria por no prestar los alimentos debidos a la persona con discapacidad

Lo primero que hemos de tener claro respecto a la posible causa de indignidad sucesoria que venimos estudiando en el presente artículo es que la misma únicamente surtirá efectos cuando se produzca la desatención de las necesidades de alimentos de las personas con discapacidad por parte de las personas a sucederle, pero exclusivamente desde el punto de vista material, no pudiendo esgrimirse, por tanto, el desapego o la falta de atención desde el punto de vista sentimental para ello.

Así por ejemplo, en la Sentencia 204/2.009, de 19 de junio de la Audiencia Provincial de la Rioja, se recoge que «*No corresponde a los órganos jurisdiccionales hacer una valoración moral de la conducta del demandado respecto al período de enfermedad de su madre, sino jurídica, y desde la misma carece de relevancia que limitara sus visitas a dos mensuales -versión del demandado-, o dos anuales -versión de la recurrente-, así como que no colaborara en su cuidado, cuidado que voluntariamente fue asumida por la demandante, sino que debe centrar su atención en si la finada precisaba alimentos y no se los prestó (...).Y tal como se desprende de los prepuestos fácticos que se recogen en el fundamento de derecho tercero de esta resolución, la situación de la finada en ningún momento fue de desamparo económico, por lo que no cabe hablar de que el demandado incurriera en denegación de la prestación de alimentos a la causante, no incurriendo en consecuencia, en la causa de indignidad artículo 756.7 del Código Civil*».

4.1.1. ¿Herederos testamentarios o intestados como posibles indignos?

Centrándonos en quiénes pueden ser declarados indignos de suceder a una persona con discapacidad por no haberles prestado los alimentos que éste hubiese necesitado hemos de remarcar la imprecisión terminológica al respecto del legislador del 2.003.

En la misma línea sea expresa PÉREZ JIMÉNEZ[2] cuando afirma que «*Llama la atención la escasa precisión técnica con la que se expresa el legislador, pues es sabido que al inapto por indignidad se le sanciona de una forma relativa, privándole de derechos sucesorios en una herencia determinada, la del ofendido, de manera que no tendrá derecho alguna en la sucesión testamentaria o abintestato del mismo*».

Y es que, si nos atenemos a la redacción literal del C.c. recoge el apartado 7º de su artículo 756 que los indignos de heredar a una persona con discapacidad por no haberle prestado las atenciones debidas son «*las personas con derecho a la herencia*», la Exposición de Motivos de la LPPD, por su parte, dice que «*Se configura como causa de indignidad generadora de incapacidad para suceder abintestato el no haber prestado al causante las atenciones debidas durante su vida*».

He aquí el primer problema que se nos plantea al respecto, la causa de indignidad sucesoria por no prestar alimentos a la persona con discapacidad que lo hubiese necesitado, ¿alcanza solo a la sucesión intestada o también a la testada? O dicho de otra forma, la referida causa de indignidad, ¿afecta solo a los posibles herederos *ab intestato* o también a los herederos testamentarios?

En este sentido lo primero que hemos de remarcar es que en la sucesión testada el causante o testador designa al sucesor o sucesores y establece cómo quiere que se produzca la sucesión a través de un negocio jurídico unilateral como es el testamento, mientras que cuando no exista testamento se produce la sucesión legítima o intestada (también llamada *ab intestato*), en cuyo caso, de forma supletoria, la ley designa sucesores a determinados parientes próximos del testador, a su cónyuge, y, en último caso, al Estado.

Pues bien, llegados a este punto he de mostrar mi preferencia respecto a hacer una interpretación amplia[3] del art. 756.7º de nuestro C.c., entendiendo que cuando el legislador fija *las personas con derecho a la herencia* en sentido general, tendrán que considerarse incluidos no solo las personas que puedan suceder *abintestato*, sino también los legitimarios, los herederos o legatarios de la sucesión testada.

---

[2] En dicho sentido PÉREZ JIMÉNEZ, T. (2.004), «Algunas reflexiones en torno a la Ley 41/ 2.003 de 18 de Noviembre, de Protección Patrimonial de las personas con discapacidad», *Actualidad Civil*, 21, pág. 2.541.

[3] Al contrario se expresan autores como DÍAZ ALABART, S. (2.004), en «Principios de protección jurídica del discapacitado», BELLO JANEIRO (coordinador), Escola Galega de Administración Pública, Santiago de Compostela, pág. 925, donde recoge que «Por todo lo dicho anteriormente soy de la opinión de que aunque no esté tan claro en el texto del art. 756.7º del C.c., las personas que puedan ser declaradas indignas por razón de no prestar alimentos al discapacitado que los necesitase serán aquellas obligadas legalmente, mencionadas en el art. 143 CC.; e igualmente expone SERRANO GARCIA, I. (2.008), en *Protección patrimonial de las personas con discapacidad. Tratamiento sistemático de la Ley 41/ 2.003*, Editorial Iustel, Madrid, pág. 555, que «Entiendo que esta dificultad hay que resolverla entendiendo que solamente los llamados a la herencia del discapacitado que también están obligados a prestar alimentos (es decir, cónyuge, descendientes, ascendientes y hermanos; es decir, las personas mencionadas en el art. 144 C.c.) son los que pueden ser indignos».

Es decir, que la indignidad sucesoria podrá darse tanto en la sucesión testada como en la intestada, y más si tenemos en cuenta que el propio art. 756 habla, en ocasiones, del testador, figura que solo puede existir en la sucesión testada.

En la misma línea se posiciona CABEZUELO ARENAS[4], cuando afirma que «*es ésta una causa de indignidad que podría operar perfectamente en el marco de la sucesión testada, donde los llamados no tienen por qué guardar vínculo de parentesco con el que la ordena*».

4.1.2. Personas que no tengan que prestarle alimentos al causante por ley: ¿indignos?

Otra problemática existente en la actualidad en nuestro Ordenamiento que afecta a la causa de indignidad que venimos estudiando, pero en este caso solo en cuanto a los posibles herederos *ab intestato*, es el límite para ser considerado indigno a la hora de suceder a una persona con discapacidad por no haberle prestado las atenciones debidas.

Y es que, como sabemos, el límite para heredar *abintestato* que marca el C.c. en su artículo 954[5] se fija en los parientes en línea colateral hasta el 4° grado.

El problema surge con los parientes de 3° grado de consanguinidad (por ejemplo, los tíos) y los de 4° grado (por ejemplo, los primos) ya que éstos no están obligados a prestar alimentos en base al artículo 143 del C.c. que establece que están obligados a darse alimentos recíprocamente: 1°.- Los cónyuges. 2°.- Las ascendientes y descendientes. 3°.- Los hermanos solo se deben los auxilios necesarios para la vida, cuando los necesiten por cualquier causa que no sea imputable al alimentista, y se extenderán en su caso a los que precisen para su educación.

Pero entonces, si la ley no les exige prestar alimentos a los parientes de 3° y 4° grado, ¿tendrá sentido que se les declare indignos para suceder a su parientes de 3° o 4° grado con discapacidad por no haberle prestado los alimentos a los que no les obligaba la ley?

Aunque al respecto existen importantes autores en la materia como DÍAZ ALABART[6] que expone «*Por todo lo dicho anteriormente soy de la opinión de que aunque no esté tan claro en el texto del art. 756.7° del C.c., las personas que puedan ser declaradas indignas por razón de no prestar alimentos al discapacitado que los necesi-*

---

4 CABEZUELO ARENAS, A. L. (2.018), «Padre declarado indigno de suceder a su hijo, un menor paralítico cerebral, por manifestar por escrito que nunca le quiso ni deseó su nacimiento. Aplicación del anterior art. 756.1 CC en lugar del art. 756.7 CC. STS de 23 de abril de 2.018 (Sala de lo Civil)», en *Revista de Derecho Patrimonial*, núm. 46, pág. 10.

5 Establece el art. 954 del C.c. que: «*No habiendo cónyuge supérstite, ni hermanos ni hijos de hermanos, sucederán en la herencia del difunto los demás parientes del mismo en línea colateral hasta el 4° grado, más allá del cual no se extiende el derecho de heredar abintestato*».

6 DÍAZ ALABART, en «Principios de protección jurídica del discapacitado», cit., pág. 925.

tase serán aquellas obligadas legalmente, mencionadas en el art. 143 CC»; o SERRANO GARCÍA[7], que considera «*Entiendo que esta dificultad hay que resolverla entendiendo que solamente los llamados a la herencia del discapacitado que también están obligados a prestar alimentos (es decir, cónyuge, descendientes, ascendientes y hermanos; es decir, las personas mencionadas en el art. 144 C.c.) son los que pueden ser indignos*»; particularmente me posiciono justo en el sentido contrario, es decir, por mi parte entiendo que los parientes que no estén obligados legalmente a prestar alimentos a las personas con discapacidad sí deberán ser considerados indignos a sucederle cuando no lo hayan hecho, en base al artículo756.7° del C.c., y es que, la última frase del apartado VII a) de la Exposición de Motivos de la LPPD refleja que «*Se configura como causa de indignidad (…), y ello aunque el causahabiente no fuera de las personas obligadas a prestarlos*».

Y es precisamente por el contenido de esta frase, por el que entiendo que en la actualidad no debe haber dudas en cuanto a que los llamados a heredar *ab intestato* que no estuvieran obligados a prestar alimentos, quedan igualmente obligados a prestárselos a la persona con discapacidad para poder heredarle.

Otras autoras que se posicionan en el mismo sentido son CABEZUELO ARENAS[8] al afirmar que «*No obstante, repugnaría a la más elemental de las conciencias que cualquier persona que no hubiera proveído al sustento del discapacitado, aun sin tener obligación legal, se enriqueciera, sin embargo, a su costa si aquél lograra remontarse económicamente y dejara bienes a su muerte. Se castiga, en suma, la insensibilidad de quien pretende suceder a un discapacitado cuando pudiendo aliviar su miseria, permaneció imperturbable ante la misma*»; o MARTÍN MELÉNDEZ[9], cuando expone que «*el art. 756.7 CC, sanciona con la indignidad conductas que podrían ser moralmente reprobables, aunque no jurídicamente. La misión de esta nueva norma es de corte netamente preventivo o disuasorio, queriendo influir en la conducta de los que estarían llamados a suceder a un discapacitado para que se comporten rectamente con él, pero no castigando en todo caso un ilícito previo que acaso no tiene por qué existir. Con ello se les infundiría el temor de no recibir nada en su herencia si se excusaban en que existían otros parientes que eran los más indicados para socorrerles. Y así, sería indigno el pariente en cuarto grado colateral que se excusó para no socorrer al discapacitado, en la existencia de otros más próximos en grado que debían atender su reclamación, y después quiso heredarle*».

Por último, aparte de los legitimarios y de los llamados a heredar *abintestato*, debemos traer a colación a la hora de hablar de indignos para suceder a una persona con discapacidad por no prestarle las atenciones debidas a cualquier tercero que sea heredero o legatario testamentario, ya que, en base a la generalidad que se recoge en el art. 756.7° C.c. en cuanto a *las personas con derecho a la herencia.*

---

7 SERRANO GARCÍA, en *Protección patrimonial de las personas con discapacidad. Tratamiento sistemático de la Ley 41/2.003,* cit., pág. 555.

8 CABEZUELO ARENAS, *Op. Cit.*, pág. 10.

9 MARTÍN MELÉNDEZ, T. (2.014), «La causa de indignidad para suceder del artículo 756.4 del Código Civil». *Estudios de derecho de sucesiones: «Liber amicorum» Teodora F. Torres García,* DOMÍNGUEZ LUELMO Y GARCÍA RUBIO (directores), pág. 812.

Pero la misma condición de indignos que los parientes de 3° y 4° grado sufren por no haber prestado los alimentos a las persona con discapacidad que lo necesitase, le tocará soportar al tercero en una sucesión testada que nada tiene que ver con la persona con discapacidad testadora, o, al menos, no es su pariente, ya que éste será igualmente considerado indigno para sucederle por no haberle prestado en su día las atenciones debidas, aunque no estuviese obligado a ello, incluso aun desconociendo por completo su condición de heredo.

Considero que los motivos vuelven a ser los mismos que para los parientes de 3° y 4° grado de consanguinidad que expusimos con anterioridad, es decir, evitar que las personas que no hayan atendido en absoluto a la persona con discapacidad se puedan ver beneficiados por la herencia de éste.

Eso sí, todo lo anteriormente expuesto carece de sentido en los supuestos en los que la persona con discapacidad, aun conociendo las causas de indignidad en las que había incurrido la persona que no le está prestando las atenciones debidas, decide instituirla como heredero o legatario, ya que en tales supuestos dichas causas dejarán de surtir efecto siendo plenamente válido el testamento tal y como establece el artículo 757[10] del C.c.

A modo de conclusión del presente epígrafe, podemos resaltar que desde hace más de quince años en España, todas las personas que no hayan prestado alimentos a las personas con discapacidad cuando éstas los hubiesen necesitado serán consideradas indignas para sucederle.

Con ello lo que se pretende conseguir es que cualquier persona que pueda ser llamado (testamentariamente o de forma intestada) a heredar a una persona con discapacidad esté atento de que ésta no está desatendida desde el punto de vista de los alimentos, entendiéndose por alimentos todo lo que es indispensable para el sustento, habitación, vestido y asistencia médica de la persona con discapacidad, lo cual puede ser entendido al fin y al cabo como una medida para incentivar el cuidado de las personas con discapacidad por cualquier persona que entienda pueda ser llamado a heredarlo en un futuro.

Eso sí, en base a la jurisprudencia española podemos afirmar con rotundidad que el desapego o la falta de atención desde el punto de vista sentimental respecto a una persona con discapacidad no será suficiente para ser considerado indigno a la hora de sucederle, sino que únicamente será tenida en cuenta para incurrir en dicha causa de indignidad la desatención de las necesidades de alimentos de las personas con discapacidad desde el punto de vista material.

4.2. Su casi inexistente reforma en el Proyecto de ley de 17 de julio de 2.020

Tal y como acabamos de contemplar, el actual apartado 7 del artículo 756 del C.c. expresa que:

---

[10] El artículo 757 del C.c. establece que: «*Las causas de indignidad dejan de surtir efecto si el testador las conocía al tiempo de hacer testamento, o si habiéndolas sabido después, las remitiere en documento público*».

«Son incapaces de suceder por causa de indignidad:

7º Tratándose de la sucesión de una persona con discapacidad, las personas con derecho a la herencia que no le hubieran prestado las atenciones debidas, entendiendo por tales las reguladas en los arts. 142 y 146 del Código Civil».

¿Y qué modificación propone el Anteproyecto para dicha redacción? Tan solo la definición de persona con discapacidad.

Es concretamente en el párrafo 36 del artículo primero del Proyecto el que propone la nueva redacción para el apartado 7 del artículo 756 del C.c., siendo la modificación propuesta la siguiente:

«Son incapaces de suceder por causa de indignidad:

7º Tratándose de la sucesión de una persona con discapacidad psíquica, física o sensorial, las personas con derecho a la herencia que no le hubieren prestado las atenciones debidas, entendiendo por tales las reguladas en los artículos 142 y 146 del Código Civil».

Es decir, que la única modificación de la causa de indignidad sucesoria que ya existe en nuestro Derecho para aquellos casos en los que no se les haya prestado los alimentos debidos a las personas con discapacidad es la nueva definición de persona con discapacidad, ya que el Proyecto propone que se especifique que se hace referencia a una *discapacidad psíquica, física o sensorial.*

Por último, en cuanto al grado de discapacidad que ha tener una persona reconocida para que pueda darse la causa de indignidad que venimos estudiando, no es un grado cualquiera, sino que, tal y como establece la disposición adicional cuarta del C.c., y así sigue estableciendo la disposición adicional cuarta propuesta en el Proyecto, la referencia que a personas con discapacidad se realiza en el artículo 756 se entenderá hecha al concepto que aparece en la LPPD, la cual exige para ello tener reconocido como mínimo un 33% de discapacidad psíquica, o un 65% de discapacidad física o sensorial.

CAPÍTULO V

EXENCIÓN DE TRAER A COLACIÓN LOS GASTOS REALIZADOS POR LOS PADRES Y ASCENDIENTES PARA CUBRIR LAS NECESIDADES ESPECIALES DE SUS HIJOS O DESCENDIENTES CON DISCAPACIDAD

5.1. Alcance de los gastos que quedan exonerados de colación cuando se hayan realizado por los padres y ascendientes para cubrir las necesidades especiales de sus hijos o descendientes con discapacidad

Por regla general, los legitimarios están obligados a colacionar lo que hubieran recibido en vida del causante a título lucrativo para computarlo en el cálculo de las legítimas y en la cuenta de partición, todo ello con la finalidad de favorecer el principio de igualdad entre los coherederos en el momento de la partición de la herencia.

Establece el art. 1.035 del C. c. que «*El heredero forzoso que concurra con otros que también lo sean a una sucesión, deberán traer a la masa hereditaria los bienes o valores que hubiesen recibido del causante en vida de éste, por dote, donación u otro título lucrativo para computarlo*».

Cabe destacar la existencia de la dispensa de colación, recogida en el art. 1.036 del C.c., debiéndose entender por esta la posibilidad del donante de exonerar al donatario de la obligación de traer a la masa hereditaria lo que recibió del difunto por donación, si bien, dicho posibilidad quedará excluida siempre que los bienes o valores recibidos en vida a título gratuito afecten a la legítima de los restantes herederos forzosos, debiéndose reducir en dicho caso la donación por inoficiosa al primar, en todo caso, el principio de intangibilidad de la legítima.

También existen unos «gastos» efectuados por el causante a favor de sus legitimarios que no deberán traerse a colación, sin que ello suponga una excepción a la obligación de colacionar.

Recoge el art. 1.041 del C.c. que «*No estarán sujetos a colación los gastos de alimentación, educación, curación de enfermedades, aunque sean extraordinarios, aprendizaje, equipo ordinario y los regalos de costumbre*».

Tras la entrada en vigor de la LPPD, a este art. 1.041 se le incorpora un 2° párrafo: «*Tampoco estarán sujetos a colación los gastos realizados por los padres y ascendientes para cubrir las necesidades especiales de sus hijos o descendientes con discapacidad*».

En este sentido, se recoge en la Exposición de Motivos de la Ley, en su apartado VII, e), que «*...a fin de evitar traer a colación los gastos realizados por los padres y ascendientes, entendiendo por éstos cualquier disposición patrimonial, para cubrir las necesidades especiales de sus hijos o descendientes con discapacidad*».

Destaca que dicha redacción nada recoge sobre la posibilidad de no traer a colación los gastos efectuados por los hijos o descendientes a favor de los padres o ascendientes con discapacidad[1], o los realizados por un cónyuge a favor del otro en la misma situación, o lo que es lo mismo.

Pudo haber aprovechado la ocasión el legislador de 2.003 para extender la excepción de colacionar los gastos realizados a favor de cualquier legitimario con discapacidad, como sí hizo en cambio con la donación y el legado del derecho de habitación estudiado en el apartado anterior.

Por último, existe la postura de ciertos autores que consideran que dichos gastos no colacionables mencionados en el 2° párrafo del art. 1.041 C.c. ya podían entenderse comprendidos en el párrafo 1° del mismo, ya que los gastos efectuados a favor de las personas con discapacidad hubieran tenido cabida en los gastos de curación de enfermedades aunque fueran extraordinarios.

Por mi parte discrepo de dicha postura doctrinal, ya que el hecho de entender comprendidos los gastos que necesita una persona con discapacidad en el párrafo 1° del art. 1.041 conllevaría a plantearnos un gran número de dudas, como pueden ser, por ejemplo, qué enfermedades, y cuáles no, son equiparables a ciertas enfermedades, o si ciertos gastos necesarios para la persona con discapacidad quedarían cubiertos entre los gastos recogidos en el 1° párrafo, etc.

En cambio, con la incorporación a dicho artículo del 2° párrafo se evita cualquier discusión al respecto, quedando con ello comprendidos todos los gastos que tengan que ver con el cuidado de las personas con discapacidad, como los de adaptación de la vivienda para la persona con discapacidad, los de la adquisición de vehículos adaptados para sus necesidades, etc.

---

1 En este sentido, dispone el art. 119, párrafo 2° del Anteproyecto de Ley de la Generalitat Valenciana de Sucesiones, con, a nuestro juicio, una mejor redacción, aunque no completa por ignorar a los cónyuges, que: «*Tampoco serán computables los gastos realizados por los padres y ascendientes para cubrir las necesidades especiales de sus hijos o descendientes con discapacidad, o los llevados a cabo por los hijos para cubrir las de sus padres o ascendientes igualmente discapacitados, siempre que no constituyan aportación a patrimonios protegidos*».

5.2. Su casi inexistente reforma en el Proyecto de ley de 17 de julio de 2.020

En relación con este mecanismo de protección que venimos estudiando, ocurre exactamente igual que con el anterior, es decir, que en el Proyecto tan solo se limitaba a modificar la definición de persona con discapacidad.

Es concretamente en el párrafo 43 del artículo primero del Proyecto el que propone la siguiente refacción para el artículo 1.041 del C.c.:

> «*No estarán sujetos a colación los gastos de alimentos, educación, curación de enfermedades, aunque sean extraordinarias, aprendizaje, ni los regalos de costumbre.*
>
> *Tampoco estarán sujetos a colación los gastos realizados por los progenitores y ascendientes para cubrir las necesidades especiales de sus hijos o descendientes requeridas por su situación de discapacidad psíquica, física o sensorial*».

Es decir, que la única modificación que se propone es sustituir el concepto de padres por el de progenitores, y el de necesidades especiales de sus hijos o descendientes con discapacidad, por el de «*necesidades especiales de sus hijos o descendientes requeridas por su situación de discapacidad psíquica, física o sensorial*».

En cuanto al grado de discapacidad que ha tener una persona considerarse beneficiario de este mecanismo de protección se sigue exigiendo exige para ello tener reconocido como mínimo un 33% de discapacidad psíquica, o un 65% de discapacidad física o sensorial, ya que el artículo 1.041 también se engloba en la disposición adicional cuarta del C.c. actual, e igualmente se propone su inclusión en la Disposición adicional cuarta del Proyecto.

CAPÍTULO VI

LAS FACULTADES CONCEDIDAS POR EL TESTADOR A FAVOR DEL CÓNYUGE SUPÉRSTITE PARA MEJORAR Y DISTRIBUIR LA HERENCIA DEL PREMUERTO ENTRE LOS HIJOS O DESCENDIENTES COMUNES

6.1. La nueva redacción del art. 831 del Código civil

Con este último mecanismo de protección introducido por la LPPD en nuestro ordenamiento jurídico se concedió al testador amplias facultades para que en su testamento pueda conferir al cónyuge supérstite facultades para mejorar y distribuir la herencia del premuerto entre los hijos o descendientes comunes, lo que permitirá no precipitar la partición de la herencia cuando uno de los descendientes tenga una discapacidad, y aplazar dicha distribución a un momento posterior en el que podrán tenerse en cuenta la variación de las circunstancias y la situación actual y necesidades de la persona con discapacidad.

La redacción literal dada por la LPPD y actualmente vigente es la siguiente:

> *«No obstante lo dispuesto en el artículo anterior, podrán conferirse facultades al cónyuge en testamento para que, fallecido el testador, pueda realizar a favor de los hijos o descendientes comunes mejoras incluso con cargo al tercio de libre disposición y, en general, adjudicaciones o atribuciones de bienes concretos por cualquier título o concepto sucesorio o particiones, incluidas las que tengan por objeto bienes de la sociedad conyugal disuelta que esté sin liquidar.*
>
> *Estas mejoras, adjudicaciones o atribuciones podrán realizarse por el cónyuge en uno o varios actos, simultáneos o sucesivos. Si no se le hubiere conferido la facultad de hacerlo en su propio testamento o no se le hubiere señalado plazo, tendrá el de dos años contados desde la apertura de la sucesión o, en su caso, desde la emancipación del último de los hijos comunes.*
>
> *Las disposiciones del cónyuge que tengan por objeto bienes específicos y determinados, además de conferir la propiedad al hijo o descendiente favorecido, le*

conferirán también la posesión por el hecho de su aceptación, salvo que en ellas se establezca otra cosa.

2. Corresponderá al cónyuge sobreviviente la administración de los bienes sobre los que pendan las facultades a que se refiere el párrafo anterior.

3. El cónyuge, al ejercitar las facultades encomendadas, deberá respetar las legítimas estrictas de los descendientes comunes y las mejoras y demás disposiciones del causante en favor de ésos.

De no respetarse la legítima estricta de algún descendiente común o la cuota de participación en los bienes relictos que en su favor hubiere ordenado el causante, el perjudicado podrá pedir que se rescindan los actos del cónyuge en cuanto sea necesario para dar satisfacción al interés lesionado.

Se entenderán respetadas las disposiciones del causante a favor de los hijos o descendientes comunes y las legítimas cuando unas u otras resulten suficientemente satisfechas aunque en todo o en parte lo hayan sido con bienes pertenecientes solo al cónyuge que ejercite las facultades.

4. La concesión al cónyuge de las facultades expresadas no alterará el régimen de las legítimas ni el de las disposiciones del causante, cuando el favorecido por unas u otras no sea descendiente común. En tal caso, el cónyuge que no sea pariente en línea recta del favorecido tendrá poderes, en cuanto a los bienes afectos a esas facultades, para actuar por cuenta de los descendientes comunes en los actos de ejecución o de adjudicación relativos a tales legítimas o disposiciones.

Cuando algún descendiente que no lo sea del cónyuge supérstite hubiera sufrido preterición no intencional en la herencia del premuerto, el ejercicio de las facultades encomendadas al cónyuge no podrá menoscabar la parte del preterido.

5. Las facultades conferidas al cónyuge cesarán desde que hubiere pasado a ulterior matrimonio o a relación de hecho análoga o tenido algún hijo no común, salvo que el testador hubiera dispuesto otra cosa.

6. Las disposiciones de los párrafos anteriores también serán de aplicación cuando las personas con descendencia común no estén casadas entre sí».

Respecto a la redacción anterior del citado precepto, las novedades más destacables introducidas en 2.003 son las siguientes:

1º.- no se permite el pacto de delegación en capitulaciones matrimoniales, solo en testamento.

2º.- no es necesario que ordenante y sobreviviente estén casados entre sí, solo que tengan descendencia común.

3º.- se produce un aumento del plazo legal de ejercicio de uno a dos años.

4º.- afronta el supuesto de concurrencia de descendencia común y no común.

5º.- se permite que el concedente ordene la continuación de las facultades aunque el favorecido contraiga nuevo matrimonio o relación análoga o tenga otros hijos no comunes.

6.2. Una figura de protección patrimonial indirecta de las personas con discapacidad

Para llegar a entender la finalidad perseguida con esta reforma debemos acudir al apartado VII de la Exposición de Motivos de la LPPD, en su letra d)[1], en la que se señala que su objeto es introducir una nueva figura de protección patrimonial indirecta de las personas con discapacidad, concediéndosele al testador la facultad para que en su testamento pueda conferir al cónyuge supérstite amplias facultades para mejorar y distribuir la herencia del premuerto entre los hijos o descendientes comunes.

Pero si el art. 831 del C.c. no hace ninguna mención a las personas con discapacidad (si bien creo que es indudable que el legislador está pensando en ellas) ¿por qué define la LPPD la figura aquí estudiada como una institución de protección patrimonial «indirecta» de las personas con discapacidad?

Pues porque en el artículo modificado del C.c., el 831, ni siquiera se llega a nombrar a las personas con discapacidad o incapacitadas judicialmente, sino que dicha reforma va dirigida a conceder una mayor libertad de testar al testador, el cual puede decidir libremente si facultar al cónyuge supérstite a distribuir su herencia.

O lo que es lo mismo, no es una reforma dirigida exclusivamente a proteger a las personas con discapacidad o incapacitadas, ya que no es necesaria la presencia de éstos para que se puedan conferir al cónyuge las facultades atribuidas por el art. 831 del C.c.

En tal sentido, RODRÍGUEZ-YNIESTO VALCARCE[2] expuso que, gracias a este párrafo de la Exposición de Motivos, sabemos qué objeto tiene la reforma, a decir del legislador, siendo fácil ver que el nuevo artículo 831 va mucho más allá de introducir una nueva figura de protección patrimonial indirecta de las personas con discapacidad. De hecho, en la nueva redacción del artícu-

---

1 Se recoge en el apartado VII, d), de la Exposición de Motivos de la LPPD que «*Se reforma el artículo 831 del Código civil, con objeto de introducir una nueva figura de protección patrimonial indirecta de las personas con discapacidad. De esta forma, se concede al testador amplias facultades para que en su testamento pueda conferir al cónyuge supérstite amplias facultades para mejorar y distribuir la herencia del premuerto entre los hijos o descendientes comunes, lo que permitirá no precipitar la partición de la herencia cuando uno de los descendientes tenga una discapacidad, y aplazar dicha distribución a un momento posterior en el que podrán tenerse en cuenta la variación de las circunstancias y la situación actual y necesidades de las personas con discapacidad. Además, estas facultades pueden concedérselas a los progenitores con descendencia común, aunque no estén casados entre sí*».

2 RODRÍGUEZ-YNIESTO VALCARCE, A. (2.005), «La reforma del art. 831 del Código Civil por la Ley 41/2.003, la delegación de la facultad de mejorar», *Revista Jurídica del Notariado*, Núm. 55, julio-septiembre pág. 182.

lo, los discapacitados no aparecen en absoluto, por lo que sus disposiciones son aplicables a cualquier persona, discapacitada o no.

Sin embargo, ahondando un poco más en el estudio de esta medida protectora, considero que la misma puede servir de claro ejemplo en cuanto a la deficiente redacción técnico-jurídica otorgada por el legislador del 2.003 a la LPPD a la que hacíamos referencia al principio del presente trabajo, ya que, por paradójico que resulte, esta reforma introducida por la ley que tiene como objeto la protección de las personas con discapacidad puede llegar a ser usada en su contra, porque nada impide al cónyuge supérstite facultado para ello, mejorar al hijo o descendiente que no tenga ninguna discapacidad reconocida aun concurriendo en la herencia con hermanos o sobrinos incapacitados o con discapacidad.

Sin embargo, también es cierto que la reforma otorgada por la LPPD al art. 831 del C.c. se puede usar en beneficio de las personas con discapacidad o incapacitadas judicialmente. Por ejemplo, la facultad de mejora conferida al cónyuge supérstite en el plazo de tiempo que determine el testador le permite a éste observar el comportamiento de los familiares de las personas con discapacidad hacia ésta, pudiendo mejorar o perjudicar a aquéllos según su comportamiento al respecto; e igualmente, si durante dicho plazo cualquier descendiente pasa a formar parte del colectivo de personas con discapacidad o incapacitadas judicialmente (por enfermedad o accidente), el cónyuge supérstite tendrá la facultad de mejorarlo con los bienes del cónyuge fallecido en su día.

Para finalizar, precisamente porque ni siquiera se llega a nombrar a las personas con discapacidad o incapacitadas judicialmente en el artículo 831 del C.c. como personas a las que proteger con este mecanismo, no hace mención alguna al mismo el Proyecto de ley por la que se reforma la legislación civil y procesal para el apoyo de las personas con discapacidad en el ejercicio de su capacidad jurídica.

BIBLIOGRAFÍA

ALBALADEJO, M., *Derecho Civil*, T. V, 7ª Edición, Editor José María Bosch, Barcelona, 1.997.

ALBALADEJO, M., «El gravamen con una sustitución fideicomisaria a favor del descendiente incapacitado de la legítima estricta de los demás descendientes», en *Anales de la Real Academia de Jurisprudencia y Legislación*, número 35, Madrid, 2.005.

ÁLVAREZ MARTÍNEZ, G., «Reflexiones sobre el derecho de habitación de las personas con discapacidad desde la perspectiva del operador jurídico», en *Revista Crítica de Derecho Inmobiliario*, Núm. 759, 2.015.

ARROYO I AMAYUELAS, E., «La reforma del Derecho de Sucesiones y de la prescripción en Alemania», *Indret* 1/2010, Barcelona, 2.010.

BOTELLO HERMOSA, P., «La sentencia del Tribunal Supremo 421/2013, de 24 de junio de 2013, como prueba de la eficiente adaptación del artículo 12 a través de la curatela», *Actualidad civil*, Núm. 9, 2.015.

BOTELLO HERMOSA, P., «El refuerzo de la curatela como medio idóneo de adaptación del artículo 12 de la Convención ONU sobre derechos de personas con discapacidad al Ordenamiento jurídico español», *Revista Crítica de Derecho Inmobiliario*, Núm. 749, 2.015.

BOTELLO HERMOSA, J. Mª., «El contrato de arrendamiento de habitación: la problemática de su regulación. ¿Ley de arrendamientos urbanos o Código civil?, en *Revista Crítica de Derecho Inmobiliario*, Núm. 754, 2.016.

BOTELLO HERMOSA, P., «La sustitución fideicomisaria como medio de protección de los tutelados en Italia, y de los incapacitados en España», en *Comparazione e Diritto Civile*, Anno 2.016, Volume 2, págs. 10-18.

BOTELLO HERMOSA, P., «El incomprensible uso como sinónimos de dos figuras jurídicas diferentes: el fideicomiso y la sustitución fideicomisaria», *Revista Crítica de Derecho Inmobiliario*, Núm. 756, 2.016, págs. 2264-2280.

BOTELLO HERMOSA, P., «La exclusión en el cómputo del cálculo de la legítima de la donación o legado del derecho de habitación a favor de persona con discapacidad», en *Pensar-Revista de Ciencias Jurídicas*, do Centro de Ciencias Jurídicas da Universidad de Fortaleza, -Brasil-, Volumen 22, núm. 3, págs. 1-10, septiembre/diciembre, 2.017.

BOTELLO HERMOSA, P., «Un problema actual de enorme trascendencia jurídica en España: las personas curateladas como posibles beneficiarias de la sustitución fideicomisaria especial», en *Revista Crítica de Derecho Inmobiliario,* Número 762, mes 7-8, 2.017, págs. 1675-1694.

BOTELLO HERMOSA, P., *La sustitución fideicomisaria especial introducida por la ley 41/2003: inicio de la tangibilidad de la legítima estricta y origen de la desigual libertad de testar existente en España,* Editorial Tirant Lo Blanch, 2.017.

BOTELLO HERMOSA, P., «La legítima y su posible restricción a favor del descendiente con capacidad modificada judicialmente: un mecanismo de protección jurídica desconocido», en *Nuevos horizontes en el Derecho de la Discapacidad: Hacia un Derecho inclusivo*, Editorial Thomson Reuters Aranzadi, 2.018, págs. 561-571.

BOTELLO HERMOSA, P., «Principales diferencias entre la sustitución fideicomisaria portuguesa y la española», en *Pensar-Revista de Ciencias Jurídicas,* do Centro de Ciencias Jurídicas da Universidad de Fortaleza, -Brasil-, volumen 25, núm. 4, 2.020, págs. 1-12.

BOTELLO HERMOSA, P., «Sustitución fideicomisaria española y fideicomiso testamentario argentino: similitudes y diferencias», en *Revista Código civil y comercial,* la Ley Thomson Reuters -Argentina-, Núm. 1, Febrero 2021, págs. 81-91.

BOTELLO HERMOSA, P., *El derecho real de habitación a favor de la persona con discapacidad*, Editorial Thomson Reuters Aranzadi, 2.021.

CABELLO DE ALBA JURADO, F. *«La discapacidad como hecho y su incidencia en el ámbito jurídico: distintos regímenes jurídicos y alternativas en el marco de la Convención»*, L Jornadas Aequitas/Centro de Estudios Jurídicos del Ministerio de Justicia», 2.013.

CABEZUELO ARENAS, A. L., «Padre declarado indigno de suceder a su hijo, un menor paralítico cerebral, por manifestar por escrito que nunca le quiso ni deseó su nacimiento. Aplicación del anterior art. 756.1 CC en lugar del art. 756.7 CC. STS de 23 de abril de 2018 (Sala de lo Civil)», en *Revista de Derecho Patrimonial,* Núm. 46, 2.018.

CÁMARA LAPUENTE, S., *Comentarios al Código Civil,* DOMÍNGUEZ LUELMO (director), 1ª Edición, Editorial Lex Nova, Valladolid, 2.010.

CASTÁN TOBEÑAS, J., *Derecho Civil Español, Común y Foral,* Tomo I, vol. 1º, Reus, Madrid, 1.984.

CERRADA MORENO, M., *Incapacitación y Procesos sobre Capacidad de las personas,* Editorial Aranzadi-Thomson Reuters, Navarra, 2.014.

COSSÍO Y CORRAL, M., *Instituciones de Derecho Civil,* T.II., Cívitas, Madrid, 1.988.

DE COUTO GÁLVEZ, R., «Artículos 286 a 293 del Código Civil», en *Comentarios al Código Civil*, Tomo II, Volumen 2º, RAMS ALBESA Y MORENO FLORES (coordinadores), Editorial Bosch, Barcelona, 2.000.

DE CUPIS, A., «Postilla sul nuovo Diritto di famiglia», en *Rivista di Diritto civile*, Tomo I, 1.975.

DE PABLO CONTRERAS, P., «La incapacitación en el marco de la Convención sobre los derechos de las personas con discapacidad. Comentario a la Sentencia de 29 de abril de 2009», en *Comentarios a las Sentencias de unificación de doctrina (civil y mercantil)*, Editorial Dykinson, Madrid, 2.010.

DE SALAS MURILLO, S., «Repensar la curatela», *Derecho privado y Constitución*, Núm. 27, 2.013.

DÍAZ ALABART, S. «La sustitución fideicomisaria sobre el tercio de legítima estricta a favor de hijo o descendiente incapacitado judicialmente (Art. 808 C.c., reformado por la Ley 41/2003, de 18 de Noviembre)», *Revista de Derecho Privado*, Núm. 5-6, Mayo, 2.004.

DÍAZ ALABART, S., en «Principios de protección jurídica del discapacitado», Bello Janeiro (coordinador), Escola Galega de Administración Pública, Santiago de Compostela, 2.004.

DÍAZ ALABART, S., La protección jurídica de las personas con discapacidad: (estudios de la Ley 41/2.003, de protección patrimonial de las personas con discapacidad), Editorial Ibermutuamur, Madrid, 2.004.

DÍAZ ALABART, S., «El discapacitado y la tangibilidad de la legítima: fideicomiso, exención de colación y derecho de habitación (Ley 41/2003, de 18 de Noviembre de protección patrimonial de personas con discapacidad)», *Aranzadi Civil,* Núm. 1, 2.006.

DOMÍNGUEZ LUELMO, A., «Artículo 813», en *Comentarios al Código Civil,* Domínguez Luelmo (director), Editorial Lex Nova, Valladolid, 2.010.

DONADO VARA, A., «El legado o donación del derecho de habitación en el caso de un descendiente mayor de edad con discapacidad: controversias ante la aplicabilidad de una novedad legislativa sucesoria y contractual», en *Revista Crítica de Derecho Inmobiliario,* Núm. 767, 2018.

DORAL GARCÍA, J. A., «Comentario a los artículos 467 a 529 del Código Civil», *Comentarios al Código Civil* y *Compilaciones Forales,* coordinado por ALBALADEJO y DÍAZ ALABART, t. VII, vol. 1.°, EDERSA, Madrid, 1992.

ESPEJO LERDO DE TEJADA, M., «Artículo 808», en *Código civil comentado,* Volumen II, CAÑIZARES LASO, DE PABLO CONTRERAS, ORDUÑA MORENO Y VALPUESTA FERNÁNDEZ (directores), Editorial Thomson Cívitas, Madrid, 2.011.

FERNÁNDEZ DOMINGO, J. I., *Los derechos reales de uso y habitación,* Dykinson, Madrid, 1.994.

FINOCCHIARO A. y FINOCCHIARO M., *Diritto di famiglia,* Commento sistematico della legge 19 maggio 1.975, N. 151, Volume Secondo, Giuffrè, Milano, 1.984.

FLORES RODRÍGUEZ, J., «Algunas consideraciones sobre la actualidad del derecho real de habitación en el tráfico jurídico inmobiliario», en *Revista Crítica de Derecho Inmobiliario,* Núm. 693, 2.006.

FUENTESECA DEGENEFEE, M., «Aspectos sucesorios de la Ley 41/2003, de 18 de Noviembre, de Protección Patrimonial de las personas con discapacidad y de modificación del Código civil, de la Ley de Enjuiciamiento Civil y de la Normativa Tributaria con esta finalidad», en *Libro Homenaje al profesor Manuel Albaladejo García,* GONZÁLEZ PORRAS, J. M./MÉNDEZ GONZÁLEZ, F. P. (coords.), T. I, Colegio de Registradores de la Propiedad y Mercantiles de España, Servicio de Publicaciones de la Universidad de Murcia, Murcia, 2004.

GALVÁN GALLEGOS, A., «La legítima en Alemania», en *Actualidad Civil,* Nº 12, diciembre 2016, GOMÁ LANZÓN, *Los derechos de cónyuge viudo,* Instituciones de Derecho Privado, Tomo V, Sucesiones, Volumen 3º, Editorial Thomson Cívitas, 2.005.

GARCÍA CANTERO, G. «Notas sobre la curatela», en *Revista de Derecho Privado,* Núm. 9, 1.984.

GARCÍA HERRERA, V., *El legado de habitación a favor de legitimario discapacitado,* Dykinson, Madrid, 2.018.

GETE ALONSO Y CALERA, C., *La nueva normativa en materia de capacidad de obrar de la persona,* Editorial Cívitas, Madrid, 1.992.

GENGHINI, L. y CARBONE, C., *Le successioni per causa di norte,* Tomo II, Casa Editrice Dott. Antonio Milani, 2.012.

GIL MEMBRADO, C. «Otros mecanismos de protección sucesoria en la discapacidad y/o incapacitación en atención al cuidado de su patrimonio, en *El patrimonio sucesorio: Reflexiones para un debate reformista,* Tomo I, LLEDÓ YAGÜE, FERRER VANRELL Y TORRES LANA (directores), Editorial Dykinson, Madrid, 2.014.

GÓMEZ GÁLLIGO, F. J. *Protección jurídica y patrimonial de los discapacitados,* de la Escola Galega de Administración Pública, BELLO JANEIRO (coordinador), Editorial EGAP, Compostela, 2.004.

GÓMEZ GÁLLIGO, F. J., «La sustitución fideicomisaria en la legítima estricta a favor del discapacitado», en *Revista Crítica del Derecho Inmobiliario,* Núm. 687, 2.005.

GONZÁLEZ PORRAS, J. M, «Algunas cuestiones sobresalientes en la reforma del Código Civil sobre la protección de las personas discapacitadas o incapacitadas» en *Personalidad y capacidad jurídicas: 74 contribuciones con motivo del XXV aniversario de la Facultad de Derecho de Córdoba,* CASADO RAIGÓN Y GALLEGO DOMÍNGUEZ (coordinadores), Universidad de Córdoba, Servicio de Publicaciones, Córdoba, 2.005.

GÓMEZ-RIESCO TABERNERO DE PAZ, J. Mª, «La sustitución fideicomisaria a favor de persona con discapacidad», Conferencia pronunciada el 22 de noviembre de 2.013, en el marco de las Jornadas tituladas *Instrumentos jurídicos-privados de protección de las personas con discapacidad,* organizadas por la Universidad de Navarra y la Fundación Aequitas.

GOÑI RODRÍGUEZ DE ALMEIDA, M., «Determinación del derecho de habitación», en *Revista Crítica de Derecho inmobiliario,* núm. 763, 2.017.

GUILARTE MARTÍN-CALERO, *La curatela en el nuevo sistema de capacidad graduable,* Editorial McGraw Hill, Madrid, 1.997.

GUTIÉRREZ JEREZ, J. L., *El legado de usufructo en el Derecho Civil Común,* Tirant Lo Blanch, 1.999.

LAMBEA RUEDA, A., «Los derechos de uso y habitación desde una nueva perspectiva: cesión de inmuebles», en *Revista Crítica de Derecho Inmobiliario,* Núm. 728, 2011.

LASARTE, C., *Principios de Derecho Civil,* VII, Editorial Marcial Pons, Madrid, 2.003.

LASARTE, C., *Derecho de Sucesiones. Principios de Derecho Civil VII,* Editorial Marcial Pons, Madrid, 2.011.

LEÑA FERNÁNDEZ, R., «Posibilidades testamentarias y otras disposiciones en materia de sucesiones que ofrece la Ley 41/2003», en *Discapacitado, patrimonio separado y legítima, Cuadernos de Derecho Judicial,* XX, Consejo General del Poder Judicial, Madrid, 2.005.

LETE DEL RÍO, J. M., «De la tutela, de la curatela y de la guarda de menores e incapacitados. Comentario a los arts. 286 a 298 del Código civil», en *Comentarios al Código Civil y Compilaciones Forales,* ALBALADEJO (director), Tomo IV, Editorial Edersa, Madrid, 1.985.

LÓPEZ Y LÓPEZ, A. «La garantía institucional de la herencia», en *Derecho Privado y Constitución,* núm. 3, 1.994.

LÓPEZ Y LÓPEZ, A. «El derecho a la propiedad privada y a la herencia. Función y límites», en *Comentario a la Constitución socio-económica de España,* MORENO PÉREZ, MOLINA NAVARRETE Y MORENO VIDA (directores), Editorial Comares, Granada, 2.002.

LUCINI NICÁS, J. A., «La Ley 41/2003, de 18 de noviembre de protección patrimonial de las personas con discapacidad y de modificación del Código civil, Ley de Enjuiciamiento Civil y de la Normativa Tributaria con esta finalidad», en *Actualidad Civil,* Núm. 14, julio 2.004.

MAGARIÑOS BLANCO, V., «Comentarios al Anteproyecto de Ley para la reforma del Código civil sobre discapacidad», en *Revista de Derecho Civil,* vol. V, Núm. 3 (julio-septiembre 2018), Estudios, 2.018.

MAJADA PLANALLES, A., *La incapacitación, la tutela y sus formularios,* Editorial Bosch, Barcelona, 1.985.

MARÍN CASTÁN, F., *Comentarios del Código civil,* Tomo 5, Editorial Bosch, 2.000.

MARTÍNEZ MARTÍNEZ, R. I., *Tratado de Derecho de Sucesiones (Ab ovo usque ad mala),* Editorial La Ley, Madrid, 2.013.

MARTÍN MELÉNDEZ, Mª T., *La sustitución fideicomisaria sobre la legítima estricta en presencia de incapacitados,* Editorial Dykinson, Madrid, 2.010.

MINGORANCE GOSÁLVEZ, C., «Derecho de habitación sobre la vivienda habitual a favor del discapacitado en el Derecho español», en *Revista Crítica de Derecho Inmobiliario,* núm. 722, 2.010.

MIQUEL GONZÁLEZ DE AUDICANA, J., «Reflexiones sobre la legítima», en *Estudios de Derecho de Sucesiones, Liber Amicorum, T. F. Torres García,* DOMÍNGUEZ LUELMO, GARCÍA RUBIO Y HERRERA OVIEDO (coordinadores), Editorial La Ley, Madrid, 2.014.

MONESTIER MORALES, J. L., Los discapacitados y el legado de habitación, en *Nuevas perspectivas del tratamiento jurídico de la discapacidad y la dependencia,* Dykinson, 2.014.

MONTORO FERREIRA, D., *La novación subjetiva en el arrendamiento de vivienda protegida,* Dykinson, Madrid, 2.018.

MUNAR BERNAT, P. A., «La curatela: principal medida de apoyo de origen judicial para las personas con discapacidad», *Revista de Derecho civil,* vol. 5, Núm. 3, 2.018.

NANCLARES VALLE, J., «La sustitución fideicomisaria a favor de persona incapacitada», en *Las nuevas herramientas de protección jurídico-privadas de las personas dependientes. Un estudio comparado,* MUÑOZ FERNÁNDEZ (coordinador), Editorial Aranzadi, Navarra, 2.014.

NIETO ALONSO, A. (2.014), «Sustitución fideicomisaria de residuo, usufructo testamentario de disposición y donación. La atribución de facultades dispositivas y la repercusión de la situación de necesidad», Editorial Wolters Kluwer, Madrid.

NOGUERA NEBOT, T., «El legado de derecho de habitación regulado en el artículo 822 del Código civil», en *Revista de Derecho de la UNED,* núm. 1, 2006.

NÚÑEZ NÚÑEZ, Mª., «Diversos aspectos sucesorios introducidos por la Ley 41/2.003 de 18 de noviembre, a favor de las personas discapacitadas», en *La Encrucijada de la incapacitación y la discapacidad,* PÉREZ DE VARGAS MUÑOZ (director) y PEREÑA VICENTE (coordinadora), La Ley, Madrid, 2.011.

O'CALLAGHAN MUÑOZ, X., *Comentario al Código Civil,* SIERRA GIL DE LA CUESTA (coordinador), Barcelona, 2.000.

PANIZA FULLANA, A., *Usufructo y Fideicomiso: Estatuto de concurrencia,* Cuadernos de Aranzadi Civil, Editorial Thomson Aranzadi, Navarra, 2.008.

PARRA JIMÉNEZ, J., «De nuevo sobre la donación *mortis causa* y el Código civil», en *Revista Crítica de Derecho Inmobiliario,* Núm. 286, 1.952.

PAU PEDRÓN, A., «e la incapacitación al apoyo: el nuevo régimen de la discapacidad intelectual en el Código civil», *Revista de Derecho civil,* vol. V, Núm. 3, 2.018.

PEREÑA VICENTE, M., «El incapacitado ante la nueva protección jurídica del discapacitado», en *Actualidad Civil,* Núm. 15, 2.004.

PEREÑA VICENTE, M., «La sustitución fideicomisaria en la legítima, ¿piedra angular del sistema de protección de los incapacitados?, en *Protección jurídica patrimonial de las persona con discapacidad,* PÉREZ DE VARGAS MUÑOZ, J. (coord.), La Ley-Actualidad, 2.007.

PÉREZ HEREZA, J., «Sucesión con discapacitados: una visión práctica», en *Conferencias del curso académico 2.010/11, Academia Sevillana del Notariado,* Tomo XXII, Editorial Edersa, Sevilla, 2.011.

PÉREZ JIMÉNEZ, Mª T., «Algunas reflexiones en torno a la Ley 41/2003 de 18 de Noviembre, de Protección Patrimonial de las personas con discapacidad», *Actualidad Civil,* 21, 2.004.

PIZARRO MORENO, E., «Artículos 523 a 529», CAÑIZARES LASO, DE PABLO CONTRERAS, ORDUÑA MORENO y VALPUESTA FERNÁNDEZ (directores), en *Código Civil comentado,* Vol. I, Cívitas-Thomson Reuters, 2.016.

PUTTI, P. M., «La sostituzione fedecommissaria prima e dopo la reforma del Diritto di famiglia», en *La nuova giurisprudenza civile commentata,* Anno VI, Parte Seconda, 1.990.

QUESADA SÁNCHEZ, A. J., «Breve reflexión acerca de la utilidad del derecho de habitación en el siglo XXI», en *Boletin Jurídico Derecho.com,* 2.011.

RANGEL SÁNCHEZ, F., «Artículo 808», en *Comentarios al Código civil,* Tomo IV, BERCOVITZ RODRÍGUEZ-CANO (director), Editorial Tirant Lo Blanch, Valencia, 2.013.

RAMS ALBESA, J., *Uso, habitación, y vivienda familiar,* Tecnos, Madrid, 1.987.

RAMS ALBESA, J., «Hombre y persona. Personalidad. Capacidad e incapacidad. Discapacidad y vejez», en *Revista Crítica de Derecho Inmobiliario,* Núm. 723, 2.011.

RIPOLL SOLER, A., «La sustitución fideicomisaria del nuevo artículo 808 C.C.: Fideicomiso de Residuo», en *Boletín del Colegio de Registradores de España,* Editorial Centro de Estudios, Núm. 114, 2.005.

RIVAS MARTÍNEZ, J. J., *Derecho de Sucesiones. Común y Foral.* Tomo II, Cuarta Edición, Editorial Dykinson, Madrid, 2.005.

RIVAS MARTÍNEZ, J. J. «Problemas «habituales» en los testamentos y particiones con los fideicomisos normales y de residuo», *El patrimonio sucesorio: Reflexiones para un debate reformista,* Tomo I, LLEDÓ YAGÜE, FERRER VANRELL Y TORRES LANA (directores), Editorial Dykinson, Madrid, 2.014.

RIVERO HERNÁNDEZ, F., *Usufructo, uso y habitación,* Cívitas - Thomson Reuters, Madrid, 2.016.

RODRÍGUEZ-YNIESTO VALCARCE, A., «La reforma del art. 831 del Código Civil por la Ley 41/2003, la delegación de la facultad de mejorar», *Revista Jurídica del Notariado,* Núm. 55, 2.005.

RUIZ-RICO RUIZ MORÓN, J., «La reforma del Derecho de sucesiones con motivo de la protección de las personas con discapacidad», en *Actualidad Civil*, Núm. 4, 2.004.

SANCHO REBUDILLA, F. A., *El nuevo régimen de la familia. III. Tutela e instituciones afines*, Editorial Cívitas, Madrid, 1.984.

SANZ VIOLA, A. Mª., «El derecho de habitación legal a favor del discapacitado», en *Actualidad Civil*, Núm. 2, 2.009.

SEDA HERMOSÍN, A., «El patrimonio protegido del discapacitado: constitución y responsabilidad», en *Academia Sevillana del Notariado*, Tomo XVI, Editorial Comares, Sevilla, 2.004.

SERRANO GARCÍA, I., «Discapacidad e Incapacidad en la Ley 41/2.003, de 18 de noviembre», *Homenaje al Profesor Francisco Javier Serrano García*, Universidad de Valladolid, 2.004.

SERRANO GARCIA, I., en *Protección patrimonial de las personas con discapacidad. Tratamiento sistemático de la Ley 41/2003*, Editorial Iustel, Madrid, 2.008.

TALAMANCA, M., «Articolo 692», en *Commentario del Codice Civile*, a cura di SCIALOJA E BRANCA, Libro Secondo, Delle Successione, Nicola Zanichelli Editore, Soc. Ed. del Foro Italiano Roma, Bologna-Roma, 1.978.

TAMBURRINO, G., *Lineamenti del nuovo Diritto di famiglia italiano*, Seconda Edizione, Unione Tipografico-Editrice Torinese, Torino, 1.978.

TORRES GARCÍA, T. y GARCÍA RUBIO Mª P., *La libertad de testar: El principio de igualdad, la dignidad de la persona y el libre desarrollo de la personalidad en el Derecho de sucesiones*, Fundación Coloquio Jurídico Europeo, Madrid, 2.014.

VALLET DE GOYTISOLO, J., «La donación *mortis causa* y el Código civil», en *Revista Crítica de Derecho Inmobiliario*, Núm. 288, 1.952.

VANNI, «La sostituzione fedecommissaria. La trasformazione attuata dalla riforma del diritto di famiglia e l'indifferente disciplina del nuovo testo único delle imposte sulle successioni», en *Il fisco*, 19, giugno 1.995.

VENEZIAN, G., *Usufructo, uso y habitación*, Madrid, 1.928.

VIVAS TESÓN, I., *La protección económica de la discapacidad*, Editorial Bosch, Barcelona, 2.009.

VIVAS TESÓN, I., *La dignidad de las personas con discapacidad. Logros y retos jurídicos*, Difusión Jurídica, Madrid, 2.010.

VIVAS TESÓN, I., «Libertad y protección de la persona vulnerable en los ordenamientos jurídicos europeos: hacia la despatrimonialización de la discapacidad», en *Revista de Derecho UNED*, Núm. 7, 2010, págs. 561-595.

VIVAS TESÓN, I., «La solemnidad formal del patrimonio protegido a favor de la persona con discapacidad», en *Revista Crítica de Derecho Inmobiliario*, Núm. 718, 2010, págs. 585-620.

VIVAS TESÓN, I., *Más allá de la capacidad de entender y querer. Un análisis de la figura italiana de la administración de apoyo y una propuesta de reforma del sistema tuitivo español,* Futuex, Badajoz, 2.012.

VIVAS TESÓN, I., «La equiparación del hijo mayor de edad con discapacidad psíquica al menor *in potestate* a efectos de alimentos matrimoniales», en Revista Crítica de Derecho Inmobiliario, Núm. 745, 2.014, págs. 2510-2541.

VIVAS TESÓN, I., «El ejercicio de los derechos de la personalidad de la persona con discapacidad», en *Claves para la adaptación del Ordenamiento jurídico privado a la Convención de Naciones Unidas en materia de discapacidad,* DE SALAS y MAYOR DEL HOYO (directoras), Tirant lo Blanch, Valencia, 2.019, págs. 409-443.

VIVAS TESÓN, I., «Curatela y asistencia», en *Principios y preceptos de la reforma legal de la Discapacidad. El Derecho en el umbral de la Política,* MUNAR (coord.), Marcial Pons, Madrid, págs. 279-304.

ZAMBRANO, V., «La protección de los mayores entre el Código Civil y la Ley especial. La experiencia italiana», en *La protección de las personas mayores,* LASARTE (director), Editorial Tecnos, Madrid, 2.007.

MECANISMOS *MORTIS CAUSA* DE PROTECCIÓN DE LAS PERSONAS CON DISCAPACIDAD,
de PEDRO IGNACIO BOTELLO HERMOSA, se imprimió
en la República Argentina en mayo de 2021.

www.ingramcontent.com/pod-product-compliance
Lightning Source LLC
LaVergne TN
LVHW082239051026
849532LV00012B/4039
* 9 7 8 9 5 6 3 9 2 9 8 7 4 *